Gewidmet meinen Geschwistern

Gerhart und Hilde
Traudel und Günter
Ursula
Annelie und Peter
Jörg und Marianne
Haro und Helga

und Mutters 27 Enkeln

Jahr um Jahr
wird uns geschenkt,
damit wir heranreifen
zur Ewigkeit.
(Verfasser unbekannt)

Wir sind nicht umsonst in diese Welt gesetzt;
wir sollen hier reif für eine andere werden,
und man kann unseren Körper als ein Gradierhaus
ansehen,
wo das wilde Wasser von dem guten geschieden
werden soll.
Es ist nur Einer, der dazu helfen kann,
und dem sei Ehre in Ewigkeit!   (Matthias Claudius)

1. Keiner stirbt ungewarnt

Hilflos seh' ich,
wie die Zeit verrinnt.
(Peter Strauch)

Meine Mutter ist gerade 69 Jahre alt geworden. Da ruft sie mich an: »Kind, ich will dir 'was anvertrauen – nur dir!«

Daß sie vorerst nur mit mir etwas besprechen will, überrascht mich nicht, bin ich doch die Zweitälteste ihrer Kinderschar und in schwerer Zeit ihre besondere Stütze gewesen. Im Krieg waren nicht nur unser Vater, sondern gegen Kriegsende auch mein älterer Bruder Soldat und in Gefangenschaft gewesen. So war es selbstverständlich, daß ich als Teenager über meine Kräfte hinaus Mutters Lasten in Bombennächten und Hungerjahren mittrug. Vor allem fühlte ich mich für meine fünf jüngeren Geschwister mitverantwortlich. Wenn Mutter und ich uns in diesen notvollen Jahren über meine jüngeren Schwestern und Brüder austauschten, nannten wir beide sie »unsere Kinder«. Von daher kam es wohl, daß sie auch in den nachfolgenden Jahren immer wieder ein besonderes Vertrauen zu mir hat.

So fahre ich, sobald es mein Dienst erlaubt, zu ihr hin. Trotz der Wiedersehensfreude erkenne ich an ihren dunklen, wie erschrockenen Augen, daß sie etwas bewegt. In sich gekehrt sucht sie nach Worten:

»Kind, ich werde nicht älter als siebzig!«

Nachdenklich betrachte ich meine Mutter und sehe sie mit neuen Augen: ihre grauen Haare, ihre verhärmten Gesichtszüge, ihre vorgebeugte Gestalt. Sie ist ja alt geworden! stelle ich erstaunt fest. Bis jetzt haben wir Kinder leicht übertrieben vielen erzählt: »Unsere Mutter ist und bleibt fünfundvierzig!« Denn ihre Aktivität ist ungebrochen: Sie hegt und pflegt einen prachtvollen Staudengarten, hat ein intensives Interesse am inneren und äußeren Ergehen ihrer Kinder, Schwiegerkinder und zur Zeit vierundzwanzig Enkel, leitet voller Hingabe einen Omakreis, ist Organistin, führt Frauenfreizeiten durch und sprudelt voller Kreativität. Vielen Menschen ist sie eine Beraterin mit Lebenserfahrung.

Nun seufzt sie tief: »Ich muß mich jetzt aufs Sterben einstellen.« Sie schweigt und hört in sich hinein. »Ich habe mich als Leiche gesehen und darüber die Zahl siebzig!«

Unsere Mutter hatte bisher sehr selten Träume, die deutlich genug waren, um eine Wirkung auszuüben. Jetzt hebt sie wieder ihren Kopf hoch und sieht in die Ferne: »Ich weiß es aus Erfahrung mit vielen Menschen: Keiner stirbt, ohne daß Gott ihn auf die eine oder andere Weise vorgewarnt hat. Die Frage ist nur, ob wir seine Vorwarnungen ernst nehmen.«

Ich nicke und denke an manche Gespräche mit Trauernden, die mir von solchen Mahnungen an den Tod in den letzten Jahren ihrer Verstorbenen berichteten. Nachdenklich blicke ich auf meine Mutter. Hat sie Altersdepressionen? Todesahnungen? Angst vor dem Sterben? Eine noch unerkannte Krankheit? Eines ist mir klar: Ich darf jetzt ihre neue Erkenntnis nicht auf die leichte Schulter nehmen oder sie ihr wieder ausreden wollen. Das hätte sie verletzt. Was ihr eine Last ist, das will auch ich mittragen und nicht aus Verlegenheit oberflächlich abschütteln.

Mutter blickt wieder hilflos vor sich hin. Ihre Schultern und Hände hängen schlaff herab. Ebenso hilflos sitze ich neben ihr und streichle ihr über den Arm. Unsere Hilflosigkeit hat uns neu miteinander verbunden.

Etwas später sage ich zu meinen Geschwistern: »Wir werden Mutters siebzigsten Geburtstag ganz groß feiern. Vielleicht ist es ihr letzter!«

2. Meine Zeit steht in Gottes Händen

Ein Lied von Peter Strauch

Meine Zeit steht in deinen Händen.
Nun kann ich ruhig sein, ruhig sein in dir.
Du gibst Geborgenheit, du kannst alles wenden.
Gib mir ein festes Herz, mach es fest in dir.
Sorgen quälen, werden mir zu groß.
Mutlos frag ich, was wird morgen sein?
Doch du liebst mich, du läßt mich nicht los.
Vater, du wirst bei mir sein.

Hast und Eile, Zeitnot und Betrieb
nehmen mich gefangen, jagen mich.
Herr, ich rufe: Komm und mach mich frei!
Führe du mich Schritt für Schritt.
Meine Zeit steht in deinen Händen.
Nun kann ich ruhig sein, ruhig sein in dir.
Du gibst Geborgenheit, du kannst alles wenden.
Gib mir ein festes Herz, mach es fest in dir.

Es gibt Tage, die bleiben ohne Sinn.
Hilflos seh ich, wie die Zeit verrinnt.
Stunden, Tage, Jahre gehen hin,
und ich frag, wo sie geblieben sind.
Meine Zeit steht in deinen Händen.
Nun kann ich ruhig sein, ruhig sein in dir.
Du gibst Geborgenheit, du kannst alles wenden.
Gib mir ein festes Herz, mach es fest in dir.

Text: Peter Strauch
Aus: »Jesu Name nie verklinget«, Band 5
Rechte: Hänssler-Verlag, Neuhausen-Stuttgart

3. Das Testament

*Das Wichtigste,
das du vererben kannst,
steht nicht in deinem Testament.*

Ich mache mir Gedanken: Wie wird unsere Mutter die Todesvorwarnung verarbeiten? Eigentlich ist sie von Natur aus viel zu zupackend, um jene Ahnungen zu verdrängen, und zu aufrichtig, um sie zu überspielen. Mutter wird wohl nach einer hoffentlich nicht zu langen depressiven Phase an diesem Problem intensiv »modellieren«. So tröste ich mich und sehe ihre Hände vor mir, wie sie den Ton bearbeiten.

Oft haben wir ihr dabei zugeschaut. Niemand weiß, was aus dem grauen Klumpen Ton werden wird. Sie reißt einen Teil der Masse ab und legt ihn wieder zurück. Dann beginnt sie zu drücken und zu kneten, bis der Ton warm und geschmeidig ist und keine Luftbläschen mehr hat. Nun formt sie konzentriert und bedächtig ein ungefähres Modell. Danach wählt sie bestimmte Modellierhölzer aus und arbeitet damit die Feinheiten heraus. Wenn sie müde ist, umhüllt sie das Begonnene mit einem feuchten Tuch, stellt es in den Keller und holt es, wenn sie Zeit und Lust dazu hat, wieder hervor, um es weiter zu bearbeiten. Eines Tages ist ein Kunstwerk vollendet.

So ähnlich, hoffe ich, wird sie auch mit diesem Klotz Todesvorahnung umgehen, der jetzt ihr Herz bedrückt.

Nach einiger Zeit spricht sie öfter mit mir und mit jedem ihrer Kinder und Schwiegerkinder – da macht sie keinen Unterschied – darüber, daß sie längst alt genug sei, ihr Testament zu machen, und fragt die Betreffenden, welche Wünsche sie haben, und wem sie das Häuschen vererben solle. Monatelang redet sie penetrant und bohrend über das Problem »vererben«. Immer, wenn wir zusammenkommen, ist es Gesprächsthema Nummer eins, bis wir schließlich ärgerlich werden und nichts mehr davon hören wollen.

Da rückt sie endlich heraus: »Wißt ihr, Kinder, ich kenne so viele Familien, die bis zur Testamentseröffnung einig waren, danach aber für Jahre und Jahrzehnte zerstritten, zumindest voller gegenseitiger Vorwürfe. Dazu darf es bei euch nicht kommen; das würde mich sehr belasten.«

»Guck mal, Mutter«, entscheidet einer meiner Brüder, »jedes deiner Kinder hat einen guten Beruf mit ausreichendem Einkommen. Keines ist aufs Erben angewiesen. Sechs von uns besitzen ein Eigenheim und das eine, das kein Haus hat, erbt deines! Das ist gerecht. Und morgen geh'n wir zum Notar. Dann hat die liebe Seele Ruh! Alle einverstanden?«

»Aber zuerst müßt ihr mir hoch und heilig versprechen, daß es wegen des Erbes keinen Geschwisterstreit gibt!« Mutters Stimme klingt sehr resolut. Das Gespräch geht noch lange hin und her; dabei wird ihr Gesicht immer heller, bis sie befreit lacht und nur so strahlt. Eine schwere Last ist sichtbar abgefallen.

4. Lebensverlängerung?

Du kannst dein Leben
nicht verlängern,
nicht verbreitern,
nur vertiefen.   *Gorch Fock*

Mutters siebzigsten Geburtstag haben wir ganz groß gefeiert; nicht nur im stattlichen Kreis ihrer Lieben, sondern auch entferntere Verwandte, Freundinnen und Nachbarn waren gekommen. Gedichte, Lieder, alte und neue Familienfilme, Hausmusik und ein Diarückblick in die Vergangenheit haben sie sehr erfreut. Sie saß wie eine Stammutter im alten Israel inmitten einer großen Schar von Kindern und Kindeskindern – ein glücklicher Höhepunkt in ihrem Leben.

Inzwischen ist der graue Alltag wieder eingekehrt. Mut-

11

ters Kräfte lassen merklich nach. Trotzdem macht sie langsam und zäh »Inventur«: Alle Schubladen und Schränke im ganzen Haus werden ausgeräumt, der Inhalt wird sortiert, einiges wird verschenkt, vieles weggeworfen. Manches wird sorgfältig zusammengerollt und mit einem dünnen Gummiring oder einem bunten Band festgehalten. Das ist so Mutters Art, Übersicht zu schaffen. Selbst Speicher und Keller werden aufgeräumt. Was dort irgendwie aufzuhängen ist, wird an einen Nagel oder Haken gehängt, »damit man den Fußboden besser kehren kann«. Sie gibt Anweisungen, wo dies und jenes sich befindet und wie es zu handhaben ist.

Im Herbst macht Mutter den Garten für den Winterschlaf bereit: Die Staudenstengel werden zurückgeschnitten, und um jede Pflanze – sie kennt alle mit Namen – wird Komposterde gestreut. Sogar die vernachlässigte Abfallekke wird in Ordnung gebracht. Doch diesmal nimmt Mutter Hilfe in Anspruch und stellt bekümmert fest: »Ich schaff's nimmer allein!«

Als Hausfrau und Staudengärtnerin ist sie nun tief befriedigt. Wir gehen mit ihr durch Haus und Garten, staunen und loben sie. Doch über dem ganzen Werk liegt eine Wehmut und ein stilles Weinen. Es schneidet mir ins Herz. Mutter ahnt meine Gedanken: »Weißt du, äußerlich ist alles in Ordnung«, sagt sie, »aber in mir drinnen sieht es ganz anders aus. Ich flehe mit Tränen zu Gott, er möchte mir doch noch einige Jahre bei euch schenken.«

»Da hast du dich in eine königliche Bittschar eingereiht, Mutter!«

»Wieso?«

»Denk mal an den König Hiskia! Er war einer der guten Könige in Juda. Aber in der Mitte seines Lebens ist er schwer krank geworden. Kein Arzt konnte ihm mehr helfen. Doch Hiskia hätte so gerne länger gelebt. Es war auch noch so viel in Volk und Land zu tun. So hoffte er auf Gott, daß er ihn wieder gesund mache. Aber Gott schickte seinen Propheten Jesaja zu dem Todkranken mit dem Auftrag: ›Mach dein Testament! Du wirst sterben!‹ Hiskia war zutiefst erschüttert, gab aber nicht auf. Er drehte sein Gesicht zur Wand, flehte zum Herrn, weinte laut und versprach ihm dies und jenes.

Das muß Gott gerührt haben; denn der Prophet, der noch in der Nähe war, bekam jetzt einen neuen Auftrag; er sollte zurückkehren und dem König sagen: ›Gott wird dein Leben um fünfzehn Jahre verlängern.‹ –

Mutter, ich denke mir, Hiskia war noch nicht reif für die Ewigkeit. So hat Gott ihm eine neue Chance gegeben, Wichtiges dazuzulernen«, setze ich hinzu.

»Ich wundere mich«, meint Mutter, »daß Gott seinen Plan so auffallend rasch geändert hat. Er ist gar nicht so starr, wie ich ihn mir manchmal vorgestellt habe. Ob er auch für mich ein Herz hat, das sich durch Bitten und Tränen rühren läßt?«

Siehe,
um Trost
war mir sehr bange.
Du aber
hast dich meiner Seele
herzlich angenommen,
daß sie nicht verdirbt;
denn du
wirfst alle meine Sünden
hinter dich zurück.

König Hiskia in Jesaja 38, Vers 17

5. Fruchttragen

Wozu sind wir auf der Welt?
»Ich habe euch erwählt und bestimmt,
daß ihr hingeht und Frucht bringt
und eure Frucht bleibt«,
antwortet Jesus Christus
in Johannes 15, Vers 16

Mutter führt mich in ihren Garten und zeigt mir eine Zucchinipflanze: »Schau dir diese auffallend große, gelbe Trichterblüte an!« – »Wunderschön!« staune ich, »sie wird gerade von einer Biene befruchtet!«

»Umsonst!« erklärt mir Mutter, »diese Blüte hat nämlich nur Staubgefäße und keinen Fruchtknotenansatz. Schon heute abend ist sie verwelkt und morgen fällt sie ab. An diesem Stengel werde ich keine Zucchinifrucht ernten«, meint Mutter enttäuscht.

»Ich denke jetzt öfters darüber nach«, fährt sie fort, »ob Gott auch über mein Leben enttäuscht sein wird, weil er keine oder wenig Frucht findet, die ihn erfreut? Manches hat zwar schön geblüht – aber hat es auch Frucht gebracht, die bleibt?

Siehst du, ich bin nun 70 Jahre alt. Entspricht meine innere Reife auch meinem äußeren Alter? Oder ist da eine Diskrepanz?«

»Ich empfinde dich als eine reife Persönlichkeit mit einem weiten Herzen, Mutter. Zudem weißt du genau, wo du Nahrung für deinen inwendigen Menschen herholen kannst. Ich denke, indem du morgens Stille Zeit hältst, in deiner Bibel liest und betest, sorgst du dafür, daß deine Geistseele nicht durch Unterernährung verkrüppelt. Du läßt deine inneren Wurzeln in Gottes Wort hineinwachsen und nimmst geistliche Nahrung auf. Das trägt Frucht.«

»Vielmehr empfinde ich«, ergänzt mich Mutter, »daß ich besonders durch das Schwere in meinem Leben reifer geworden bin. Alle die Tränen, die ich geweint habe, die kummervollen Nächte, die ich durchlitten habe, die Bela-

stungen und Krisen in Familie und Gemeinde, auch das
Mittragen der Lasten anderer – das alles hat mich sicher
geprägt. Nicht die glücklichen Tage waren mir der größte
Gewinn, sondern das Leid, das ich mir nicht gewünscht
habe.«

Vor uns schwankt ein auffallend großer Grashalm im
Winde hin und her. Mutter bückt sich und will ihn ausreißen. Ich halte sie zurück: »Sieh ihn dir an! So dünn und
schwach wie dieser Halm ist, hat er doch Standfestigkeit
und trägt Samen; denn seine Knoten geben ihm festen
Halt.«

»Möglich, daß manche Knoten in meinem Leben, die Ir-
rungen und Verknotungen waren, letztlich als positiv an-
gesehen werden müssen«, fügt sie nachsinnend hinzu.

Es fällt mir auf, daß Mutter in letzter Zeit viel über ihr
Leben und ihre Beziehung zu Gott nachdenkt. Als ahne sie
meine Gedanken, bemerkt sie trocken: »Tja, da ist noch
manches in Ordnung zu bringen!«

6. Zurück in die frühe Kindheit

> *Du hast mich gebildet im Mutterleibe.*
> *Ich danke dir dafür,*
> *daß ich wunderbar gemacht bin!*
> Psalm 139, Vers 13 u. 14

»Wir sind uns alle einig, Mutter, daß wir von jetzt ab deine
Geburtstage jedes Jahr ganz groß feiern, auch wenn es keine ›runden‹ sind. Sie sollen für die Großfamilie zugleich
Begegnungstage sein! Wenn wir alle zusammen helfen,
wird das nicht einmal besonders teuer! Wir beginnen mit
deinem 71. Geburtstag!«

Mutter ist begeistert; denn »Familie« ist ihr Lebenselement.

»Ob der Kuchen reicht?« fragt sie besorgt, »denn wenn
Kinder gut satt sind, dann sind sie am friedlichsten!« Wir

erinnern sie lachend daran, daß bei jedem Fest mindestens fünf ganze Torten übriggeblieben sind.

Mitten in der Geburtstagsfeier, als die große Enkelschar schön »sattstill« ist, bitten wir sie: »Erzähl doch mal von früher! Aber fange ganz von vorne an!«

Sie sieht in Gedanken ihr Geburtshaus, das Wolfsteiner Pfarrhaus, vor sich, ihre kleine, zarte Mutter, ihren strengen, oft jähzornigen Vater, ihre drei älteren Brüder und meint versonnen: »Ich möchte so gerne, bevor ich sterbe, noch einmal an all die Orte gehen, wo ich ein Stück meines Lebens verbracht habe!«

Bald danach fahren Mutter und ich durchs schöne Lautertal. Entzückt ruft sie: »An diese Felsenwand erinnere ich mich gut! Da guck doch, das Lauterbähnchen, mit dem meine Brüder ins Gymnasium nach Kaiserslautern gefahren sind!«

Wir wandern durch die herrliche Wolfsteiner Gegend zu den Burgen hinauf. »Als Kind habe ich mir vorgestellt, Dornröschen würde hier schlafen. Auf Zehenspitzen ganz leise bin ich durch diesen Märchenwald gegangen, um es nicht zu wecken! Und dort drüben, hinter den hohen Tannen, wohnt Schneewittchen bei den sieben Zwergen. Pst! Der ganze Wald ist voller Geheimnisse!« Mutters Gesicht ist rührend kindlich geworden.

Wir schauen auf das schöne Städtchen hinunter. »Siehst du das Pfarrhaus mit dem abgeflachten Dach? Mein Vater hat es als Pfarrer dieser Kirchengemeinde bauen lassen. Hier bin ich auf die Welt gekommen!« Sie schweigt eine Weile und fährt traurig fort: »Ich war unerwünscht. Meine drei Brüder waren schon Teenager, und meine Mutter genierte sich, noch einmal schwanger zu sein. – Weißt du, das kann ich gar nicht verstehen! Ich habe mir alle meine sieben Kinder gewünscht, auch den Jüngsten. Sie haben zuerst in meinem Herzen gelebt, dann wollten sie gezeugt werden. Aber ich, ich war kein Wunschkind. Mein Vater hat mich viele Jahre übersehen, weil ich nur ein Mädchen war. Sein ganzer Stolz waren die drei begabten Söhne. Mich nannte er oft verächtlich: ›Du Plattnas‹!« Ich war nämlich von der Schaukel gefallen und hatte mir das Nasenbein gebrochen. In meinem mageren Kindergesicht war die platte Nase recht auffallend. Wie habe ich mich danach gesehnt, daß er auch mich anerkenne und ein wenig stolz auf mich sei! Wenn er von seinen Kindern sprach, sagte er stets: ›Meine Söhne!‹ und zu meiner Mutter: ›Deine Tochter!‹ Das hat mich sehr verletzt.«

Ich sehe das kleine Mädchen vor mir mit seinem platten Näschen und den sehnsüchtigen, dunklen Augen, das in seine Fantasiewelt flieht und dort glückliche Stunden erlebt.

Behutsam frage ich: »Hat dein Vater dich manchmal auf den Schoß genommen, gekost und gedrückt und vielleicht gesagt: ›Mei lieb Quadudderle!‹, wie es mein Papa mit mir gemacht hat?«

Sie schüttelt den Kopf: »Nie!« Eine große Träne rollt über ihre Wange.

Ich wundere mich: Diese Ereignisse sind vor rund siebzig Jahren geschehen, und nun stehen sie vor uns, als wären sie gestern gewesen. Nach einer Pause frage ich vorsichtig: »Kannst du deinen Eltern das alles verzeihen?«

Ein Seufzer als Antwort.

Wieder blicken wir auf Mutters Geburtshaus. Es ist, als käme es uns entgegen und würde sich öffnen: 7. April 1903. Ein Kind wird geboren! Die Hebamme ruft: »Es ist ein Mädchen!« Die Mutter in verlegener Freude und noch erschöpft vom Gebären: »Ein Mädchen?« – Der bärtige Vater: »Ach, nur ein Mädchen!«

»Aber einer hat gesagt«, füge ich hinzu: »Willkommen auf dieser Welt, liebes Luischen! Herzlich willkommen! Ich freue mich über deine Ankunft! Denn ich habe dich gewollt! Deshalb bist du da. Und ich habe für dich einen wunderbaren Plan als Mädchen und Frau und Mutter!«

»Ja, das kann ich mir vorstellen!« meint Mutter froh.

Ich fahre fort: »Siehst du den kleinen Pfarrgarten hinter dem Haus? Kannst du dir auch vorstellen, daß Jesus, der Kinderfreund, dort sitzt, und wie die Wolfsteiner Kinder zu ihm kommen? Schau, da steht auch die kleine Luise mit liebehungrigen Augen. Er ruft sie zu sich, hebt sie hoch und setzt sie auf seinen Schoß. Jetzt trocknet er ihr das Tränchen, herzt sie und legt seine Hände auf ihr Köpfchen und segnet sie väterlich!«

Nun blicke ich erwartungsvoll in Mutters Gesicht. Die Träne ist wirklich getrocknet.

7. Das einsame Mädchen

In der Einsamkeit,
die ohne Verbitterung durchgestanden wird,
reift die Persönlichkeit.

Das damals schmale Pfarrersgehalt von Mutters Vater reichte nicht aus, seinen Kindern eine gute Schulausbildung mit Studium zu bezahlen. So mußte er sich nach zusätzlichen Verdienstmöglichkeiten umschauen. Die Pfarrei Mörzheim schien ihm dazu geeignet zu sein: Zu ihr gehörten viele Äcker und Weinberge, die der Pfarrer, wenn er wollte, selbst bebauen konnte; und die Stadtnähe von Landau ermöglichte ihm, Nachhilfeschüler zu unterrichten.

Für die gebildete Pfarrfrau, die fließend französisch sprach, Porzellan bemalte, wunderschöne Holzbrandmalerei ausführte, war das ein bitterer Wechsel: Sie mußte jetzt Bäuerin werden. So lernte sie Stall- und Feldarbeit, mit Groß- und Kleinvieh umgehen, Brot backen, Butter und Käse bereiten, Knecht und Magd anleiten. In diesem Pfarrbauernhof war sie die erste, die morgens aufstand, die letzte, die ins Bett ging und die tagsüber mit eiserner Willenskraft schaffte.

Der Vater unterrichtete neben seinen Amtsgeschäften Privatschüler, Söhne reicher Eltern, die das Klassenziel nicht erreicht hatten. »Du Faulpelz!« schrie er sie an und schlug sie mit dem Rohrstock, so daß sie in einem Jahr nicht nur das Versäumte nachgeholt, sondern auch das Pensum der neuen Klasse gelernt hatten. Die Woche über wohnten sie im Pfarrhaus, wurden von der Hausfrau verköstigt und vergrößerten so die stattliche Tischrunde.

Wo war nun in diesem Großbetrieb noch ein Plätzchen für die kleine Luise? Ihre Mutter war durch die viele Arbeit überfordert, der stets beschäftigte Vater übersah »das kleine Ding«, und die großen Brüder hatten als Gymnasiasten und Studenten ganz andere Interessen. In seiner Einsamkeit lief es in die Bauernhäuser der Nachbarschaft, wo überall Babys und Kinder waren, betreute dort die Kleinen, spielte mit den Größeren und lud alle in den Pfarrgarten ein.

»Kinder«, bittet unsere Mutter, »ich möchte liebend gern noch einmal Mörzheim sehen, wo ich meine Kinder- und Schuljahre verbracht habe!«

Natürlich fahren wir hin. Aber Mutter ist enttäuscht: »Das Pfarrhaus ist ja ganz verändert, und der Garten ist so klein und kahl geworden! Ich habe ihn viel größer in Erinnerung, mit Büschen zum Verstecken, mit lauschigen Winkeln und mit einem alten Gartenhäuschen, wo ich mit den Nachbarskindern ›Familie‹ gespielt habe!«

Wir gehen die Dorfstraße entlang. »Mein heißer Kindheitswunsch war, ein jüngeres Geschwisterchen zu haben. Darum habe ich hier oft unter dem Storchennest gestanden und gerufen: ›Storch, Storch, guter, bring mir 'n kleinen Bruder! Storch, Storch, bester, bring mir 'ne kleine Schwester!‹ Wenn die Abendglocke läutete, mußte ich mich zu meinem Kummer von den Nachbarskindern trennen und ins Elternhaus zurückkommen. Obwohl es überquoll von Menschen, fühlte ich mich einsam. Ich mußte abends still in der Zimmerecke sitzen und hatte nur meine Puppen als Gesprächspartner. Nebenan unterrichtete mein Vater die Privatschüler, und meine Brüder machten ihre Hausaufgaben. Ich durfte mich nicht mucksen; nur flüsternd sprach ich mit meinen Puppen. Ich war wohl das einsamste Kind im Dorf.«

»Hatte niemand Zeit, dir abends etwas vorzulesen, mit dir zu singen und zu erzählen?« fragen wir.

»Meine Mama hätte es gerne getan, wenn sie nicht so überlastet gewesen wäre. Sie ahnte wohl meine Einsamkeit und hat mir in den Nächten vor Weihnachten die entzückendsten Puppenkleider genäht und alles geheimnisvoll versteckt, damit ich überrascht würde. Drei Tage vor dem Heiligen Abend hat sie das Weihnachtszimmer abgeschlossen und dort alles liebevoll gerichtet. Das gab es bei den Dorfkindern nicht, die ich sonst so beneidete. Ich fieberte dem Christabend entgegen und konnte es kaum abwarten, bis endlich die Weihnachtstür aufging. So war jede Weihnacht der glückliche Höhepunkt meiner Kindheit!«

Wir wenden ein: »Aber die vielen anderen Abende im Jahr bist du einsam in der Ecke gesessen! – Hast du das deinen Eltern verziehen?«

»Inzwischen ja! Sie haben in den damals schwierigen Verhältnissen getan, was sie konnten. Außerdem blieb ich nicht immer brav in der Ecke sitzen. Ich war oft bockig.Sie mußten mir also auch viel verzeihen. So sind wir alle auf die gegenseitige Vergebung angewiesen, nicht wahr?« Mutter blinzelt uns zu und schmunzelt, denn wir haben leider öfters ihre strengen Erziehungsmethoden kritisiert.

»Weißt du, Mutter«, klären wir sie auf, »heutzutage ist es Mode, daß erwachsene Kinder die Schuld für ihr eigenes Versagen ihren Eltern oder den Umständen zuschieben!«

»Das wäre zu billig«, meint sie, »denn ab achtzehn, spätestens ab einundzwanzig ist der junge Mensch erwachsen und modelliert sich selber. Er trägt die Verantwortung für das, was er tut und läßt, allein!« Davon ist sie überzeugt.

8. Im Ersten Weltkrieg

Leiden sind Weizenkörnern gleich,
aus denen im Ersterben
herrliche Früchte hervorwachsen.
(Mutter Basilea)

Friedrich, Mutters ältester Bruder, machte ein ausgezeichnetes Staatsexamen als Diplomingenieur. Erfreut sagte er zu seinen Eltern: »Jetzt kann ich euch endlich helfen, die Schulden zurückzuzahlen, die ihr für die Ausbildung eurer Kinder machen mußtet!« Otto, der zweite Sohn, war noch mitten im Medizinstudium, und Willi, der dritte, hatte gerade eine Offiziersausbildung begonnen. Da brach der Erste Weltkrieg aus. Alle drei wurden Soldaten. Willi, noch nicht ganz zwanzig Jahre alt, wurde sofort zum Leutnant befördert und kam an die vorderste Front. Bei einem der ersten Angriffe stürmte er voran und wurde erschossen. Was für ein Schlag für die Eltern!

»In diesen Kriegsjahren«, erzählt Mutter, »verließ ich morgens mutterseelenallein um sechs Uhr unser Dorf; im Winter war es noch stockdunkel, und ging bei Wind und Wetter fünf Kilometer zur Stadt in die Höhere Töchterschule, die schon um sieben Uhr begann. In Hitze oder Kälte, durch Sturm und Regen stapfte ich in schweren Wanderstiefeln eine Stunde hin und wieder eine Stunde zurück. Manchmal mußte ich mich durch Schneewehen schieben, ein anderes Mal bei Glatteis mir alte Strümpfe über die Schuhe ziehen, um nicht auszurutschen. An den Nachmittagen mußte ich in Haus und Feld helfen. Fleißig sein und zupacken, das war in dieser notvollen Zeit für jeden selbstverständlich. Ich war wohl deshalb anders als meine Klassenkameradinnen in der Stadt. Ich fühlte mich als ›Bauernmädchen‹ benachteiligt, hatte Hemmungen und schämte mich oft wegen meiner schweren Stiefel und meines plumpen Gangs. ›Ach, wäre ich doch so graziös wie meine Freundinnen!‹ dachte ich voll Neid und Minderwertigkeitskomplexen.«

Wir wundern uns, denn Mutter strahlt auf uns seit eh und je Ausgeglichenheit und ein gesundes Selbstbewußtsein aus.

»Wie hast du denn deine Minderwertigkeitsgefühle überwunden?« fragt eins ihrer Kinder.

»Ich war tatsächlich eine gehemmte Oberschülerin. In der Dorfschule spielte ich als Pfarrerstochter die erste Geige, aber im Gymnasium fühlte ich mich unterlegen. Die städtischen Mitschülerinnen waren in meinen Augen redegewandter, moderner gekleidet und selbstsicherer als ich. Ich fühlte mich unter ihnen nicht wohl und schätzte mich selbst als minderwertig ein, war voller Neid und Komplexe. Eines Tages aber hatte ich ein Schlüsselerlebnis. Der Deutschlehrer, für den ich heimlich schwärmte, las lobend der ganzen Klasse meinen Aufsatz vor. Alle staunten, und ich wuchs in meinen eigenen Augen und im Ansehen der anderen. In der Pause kamen sie auf mich zu, bemerkten mein von der Mutter gebackenes Bauernbrot, mit selbstgestoßener Butter bestrichen, und wollten es versuchen. Jede Klassenkameradin biß hinein, und allen schmeckte es vorzüglich. Von da an wurden in diesen Kriegsjahren meine Landbutterbrote von Hand zu Hand gereicht. Ich stand dabei im Mittelpunkt und war die Gebende, jetzt von allen als Bauernmädchen geschätzt. Von da an blühte ich in der Schule auf und entdeckte meine Gaben, die besonders auf dem musischen Gebiet lagen.

Doch daheim wurde ich immer noch von meinem Vater mehr oder weniger übersehen. Wie sehr habe ich mich danach gesehnt, so gescheit wie meine Brüder zu sein, nur um die Anerkennung meines Vaters zu erhalten. So half ich über meine Kräfte in der Landwirtschaft mit, erhielt aber nie ein väterliches Lob. ›Es liegt daran, daß ich leider kein Sohn bin! Ach, wenn ich nur ein Junge wäre!‹, dachte ich und verachtete mein Mädchensein. Auch beobachtete ich, daß er meine Mutter wie eine Dienstmagd hielt. So benahm ich mich wie ein ›cowboy‹, würdet ihr heute sagen. Ich ritt auf den Pferden und trieb die Kühe hin und her, nur um meinem Vater zu gefallen. Es war umsonst. Er liebte nach wie vor abgöttisch nur seine Söhne, und ich fühlte mich wie ein Nichts.

Doch eines hat mir mein Einsatz im Familienbetrieb gebracht: Ich schulte meinen praktischen Blick und mein Organisationstalent, lernte rasch erkennen, wo es fehlt und wie man eingreifen muß. Das war mir später in unserer großen Familie und in der Gemeindearbeit sehr von Nutzen.

Im Sommer 1916, ich war gerade konfirmiert, erhielten

meine Brüder Friedrich und Otto gemeinsam Heimaturlaub. Sie umarmten mich erstaunt: ›Was haben wir für eine reizende Schwester!‹ Es war mir, als hätten sie mich zum ersten Mal wirklich wahrgenommen. Drei Wochen lang erlebte ich die große Freude, Brüder zu haben. Wir wanderten zusammen, sangen und musizierten, scherzten und erzählten ohne Ende. Drei sonnige Geschwisterwochen – unvergeßliches Erlebnis! Mir war es so warm ums Herz: Brüder zu haben – was für ein Glück! Zum Abschied begleiteten wir die beiden Leutnants an den Bahnhof in Landau. Liebevoll haben sie mich in den Arm genommen. Es war das letzte Mal. Kurz darauf ist Otto gefallen, drei Wochen später Friedrich.

Die Nachricht vom Tod der Söhne hat meinen Eltern fast das Herz gebrochen. Vater weinte und schrie in den Nächten: ›O Gott, wie kannst du das zulassen! Du hast mir meinen Stolz, meine Krone, mein ganzes Glück geraubt! Was soll ich noch auf dieser Welt?‹ Mama ging still und um so fleißiger an die Arbeit und bekannte: ›Gott hält mich jetzt fest! Das einzige, was ich für unsere Söhne noch tun kann, ist: die Studienschulden abzuarbeiten.‹

Immer, wenn ein Gemeindeglied gefallen war, brachte der Postbote die Todesnachricht zuerst ins Pfarramt. Vater übergab sie dann den betroffenen Familien. Wie konnte er jetzt trösten – aber mit letzter Kraft! Sobald er nach Hause kam, ging er weinend und hadernd in seinem Zimmer hin und her, der starke, bärtige Mann, ein Hüne von Gestalt – jetzt lag er innerlich zerbrochen am Boden. Doch die kleine, zarte Mama wuchs in ihrer Tragfähigkeit über ihn hinaus und trug ihn noch mit. ›Wenn auch der Verlust unserer Söhne unsagbar schmerzlich war, so ging der Zusammenbruch meines Mannes fast über meine Kräfte. Doch Gott hat mich Tag für Tag gestützt und in den Nächten mir Kraft gegeben, Vaters Weinen zu ertragen‹, sagte sie später.

Mamas Beispiel weckte in mir den Wunsch, auch einen solchen Glauben zu erlangen, der in Leid und Verzweiflung eine starke Stütze ist«, bekennt unsere Mutter. »Jetzt, wo ich alt bin und manche Schmerzen und Altersbeschwerden zu ertragen habe, denke ich vermehrt an meine tapfere Mama, die in aller Stille so viel erduldet hat. Ihr Beispiel regt mich an, auch meine Beschwernisse anzunehmen, ohne viel zu klagen. Ich bin erstaunt, welche Kraft von einem solchen Vorbild ausgeht.«

Wir denken im stillen: »Du bist uns auch in vielem ein prägendes Vorbild. Wie viel können wir von dir lernen!«

9. Gottes Fürsorge im Leid

Es liegt in Gottes Wesen,
Leidende und Trauernde
mit besonderer Fürsorge zu umgeben.

»Mein gedemütigter Vater«, erzählt Mutter weiter, »hat in seinem Leid nach und nach viele Tröstungen erfahren. Dadurch zeigte ihm Gott, daß er ihn nicht verlassen hat. Gleich im folgenden Jahr nach dem Tod der letzten Söhne erlebte er eine Ernte wie noch nie. Die Landesgrenzen waren für Importe aus dem Ausland geschlossen, und so konnte er seinen Wein und sein Getreide bestens verkaufen. Jetzt war er endlich in der glücklichen Lage, auf einen Schlag das ganze Geld zurückzuzahlen, das er für das Studium seiner Söhne geliehen hatte. Nun war es auch nicht mehr nötig, Nachhilfeschüler zu unterrichten und sich in der Landwirtschaft abzurackern. Welch eine Entlastung für die geplagten Eltern!

Vater übernahm dann die kleine Pfarrei Rhodt und erlebte dort etwas völlig Neues: den Aufbruch einer Jugendarbeit, die in der ganzen Gegend erstmalig war.« Nach einer hauswirtschaftlichen Ausbildung hatte sich unsere Mutter dem Finkensteiner Bund der Wandervögel angeschlossen. Für sie war nun nach den bitteren Jahren des Krieges eine jugendbewegte, frohe und erlebnisreiche Zeit angebrochen. Ihr Vater staunte nur so, welche Gaben und Fähigkeiten seine Tochter entwickelte: Die ganze Dorfjugend ließ sich von ihr anleiten. Durch »Fräulein Luise« lernten diese Jugendlichen Laienspiel, Märchen, Volkslieder und Singkreise kennen, erlebten frohe Gemeinschaft auf Freizeiten und Wanderungen; sie gestalteten Dorffeste und Weihnachtsgottesdienste mit Krippenspielen und vieles mehr.

So schenkte Gott dem alternden Pfarrer eine neue Vaterfreude: Seine Tochter war ihm, was er nie vermutet hatte, nun ein Trost und eine große Hilfe in der Gemeindearbeit geworden. Er freute sich über ihre musischen Gaben, ihren Ideenreichtum und ihre Einsatzbereitschaft.

»Als ich dann einen Schwiegersohn nach seinem Herzen ins Haus brachte«, erzählt Mutter weiter, »nannten die Eltern ihn oft versehentlich ›Friedrich‹, weil er ihnen ihren ältesten Sohn ersetzte. Und wie groß war die Freude, daß das erste Enkelkind ein Junge war! Es erhielt den Nachnamen seines Großvaters als Vornamen: Gerhart.

Vater war erst kurze Zeit pensioniert, da erlitt er einen Schlaganfall und konnte nicht mehr sprechen, nur Stichworte auf ein Täfelchen schreiben. Mit großen Augen, die sehr ernst waren, lag er schweigend im Bett oder saß im Sessel und dachte über die Führungen Gottes in seinem Leben nach. Kein unbeherrschtes Wort konnte mehr über seine Lippen kommen. So erlebte er die letzte Erziehung durch seinen treuen Gott. Wir spürten deutlich, daß er in Gedanken und stillen Gebeten vieles in Ordnung brachte. Als er nach Monaten seine ihm von Gott zugedachte Lektion gelernt hatte, erlangte er kurz vor seinem Sterben noch einmal seine Sprache zurück. Es war für uns ein Wunder. Nun konnte er sich mit seiner Frau zum letzten Mal aussprechen, und die beiden konnten sich gegenseitig herzlich verzeihen. Warum hatte der Herr ihm die drei begabten Söhne genommen? Waren sie nicht sein Abgott, sein Lebensinhalt, sein ganzer Stolz gewesen? ›Du sollst keine Götter neben mir haben!‹ – das hatte Vater wohl gewußt, vermutlich auch gepredigt, aber nicht danach gehandelt! Haben wir einen eifersüchtigen Gott? Ja, ihr Kinder«, sagt Mutter mit Nachdruck, »er will als erster geliebt und geehrt werden; nicht, weil er es nötig hätte, sondern weil es für uns das Beste ist. Es muß Gott das Herz geblutet haben, als er den Eltern ihre Söhne wegnahm. Aber es gab wohl keinen anderen Weg, die beiden Lieben näher zu sich hin und zueinander zu ziehen. Nun sind sie längst ganz bei ihm. Durch viel Leid führte er sie zur Herrlichkeit, wobei das Leid hier ein Ende hat, aber die Herrlichkeit nie.«

10. Christliche Ehe

Laßt Gott, den Herrn,
der Erste in eurem Ehebunde sein,
und ihr werdet erfüllt sein
– auch in schwierigen Zeiten.

»Wie hast du unseren Papa kennengelernt?« fragen wir unsere Mutter.

»Durch die Zeitung – den Kirchenboten!« schmunzelt sie. »Da stand nämlich ein Bericht über die Jugendarbeit in Rhodt drin. Ein junger Pfarrer, damals Vikar in Hüffler-Wahnwegen in der Westpfalz, wollte Näheres darüber wissen und schrieb an meinen Vater, der ihn an mich verwies. So tauschten wir uns zuerst brieflich über Erfahrungen in der Jugendarbeit aus. Als unser Austausch bald mündlich wurde, kamen natürlich auch andere Themen ins Gespräch.

Ich wollte nur den Mann heiraten, den Gott für mich ausgesucht hatte! Darum wies ich andere ab und entschied mich für meinen Heiner. In der Verlobungszeit lernten wir uns näher kennen und besuchten uns gegenseitig. Es gab allerdings keine körperlichen Liebesbeziehungen vor der Ehe. Das ist vielleicht auch der Grund, daß wir trotz der vielen Belastungen und Versuchungen in Treue zusammengeblieben sind. Wenn wir nicht von Anfang an die Enthaltsamkeit eingeübt hätten, wäre wahrscheinlich unsere Ehe während des Getrenntseins in den Jahren des Krieges, der Gefangenschaft und der Krankheit zerbrochen. Es war keine leichte Ehe; dafür sorgte die notvolle Zeit. Die vielen Menschen, die in unser Pfarrhaus kamen, brachten Probleme und Auseinandersetzungen mit, und es gelang uns nicht, alles in Ruhe miteinander zu besprechen; aber unsere Ehe hat Belastbarkeit bewiesen, ja, dadurch sogar erst erfahren. Vom Temperament her waren wir sehr verschieden: Heiner, der ruhende Pol im größten Wirbel, ich dafür meistens in Aktion, voller Ideen und Pläne – er, der große Schweiger, dagegen hatte ich das Herz auf der Zunge.

Am schönsten waren die Ruhestandsjahre in unserem Häuschen. Keine Hektik mehr, nur noch wenige Dienste. Da hat euer Papa über vieles in seinem Leben nachgedacht und manches als Unrecht und Versäumnis erkannt und Reue empfunden. In dieser Zeit kam, sicher nicht von ungefähr, unser Schwiegersohn Hermann Risch zu Besuch, von seiner Berufung her Seelsorger für Pfarrer. Bei ihm hat Papa sich ausgesprochen, ist in sich gegangen und umgekehrt. Von da an hat sich in unserer Ehe Entscheidendes geändert: Heiner und ich konnten jetzt zusammen beten, über Glaubenswahrheiten und innerste Gedanken uns austauschen und gemeinsam in der Bibel lesen. Was für ein Glanz lag noch über dem Abend unseres Lebens! Was all die Jahrzehnte nicht möglich war, hat Gott uns noch am Ende unserer Ehe geschenkt: Jeden Morgen hatten wir beide eine kurze Andacht und jeden Abend ein gemeinsames Abendgebet. Das hat mich warm beglückt und unsere Liebe vertieft. So viel Güte und Frieden leuchtete bei uns im Alter noch auf wie nie zuvor. Ihr Kinder könnt das nicht ermessen«, fährt Mutter nachdenklich fort, »denn Papa und ich hatten nie eingeübt, unsere Gedanken, Gefühle und Glaubensüberzeugungen auszusprechen. Das ziemte sich damals nicht. Wir hatten es sogar bei anderen verachtet und bespöttelt. Aber nun war uns diese Erfahrung eine Kostbarkeit geworden. So ist uns erst im Alter geglückt, was euch viel leichter fällt. Ja, erst gegen Ende zu haben wir die geistliche Ebene unserer Ehe entdeckt. In all den Jahrzehnten vorher haben wir uns zwar vieles gegenseitig in Zuneigung geschenkt, aber doch das Wertvollste vorenthalten. Wir führten eine christliche Ehe, aber das Wesentliche, was mich am tiefsten beglückte, das hatte uns gefehlt. Wie schade, daß wir es erst so spät erkannt haben.

Als Papa dann schwer herzkrank war, konnte ich ihn mit Liebe und mit lauten Gebeten bis an die Pforte der Ewigkeit begleiten. Die Losung an seinem Sterbetag, wir haben sie morgens noch aus dem Losungsbüchlein gelesen, werde ich nie vergessen. Sie handelt von Jeschua, dem Hohenpriester, aus dem Propheten Sacharja, Kapitel 3: Jeschua steht vor dem heiligen Gott, und der Satan neben ihm verklagt ihn. Wird Gott die Anklagen Satans anhören? Nein! Er schilt den Kläger und sagt: ›Ist Jeschua nicht wie ein Brandscheit, das aus dem Feuer gerettet ist – in letzter Minute, ehe alles verbrennt?‹ Jeschua hat als Zeichen seiner Sünde dreckige Kleider an. Jetzt befiehlt Gott: ›Tut die unreinen Kleider von ihm! Sieh her, ich nehme deine Sünde von dir und lasse dir Feierkleider anziehen!‹

Manchmal denke ich: Wo befindet sich jetzt mein Heiner in der Ewigkeit? Sie hat ja unendliche Weiten – von solchen der dunkelsten Gottverlassenheit bis zu jenen strahlend hellen am Thron Gottes. Dann tröstet mich die Losung des Sterbetages: ›Dein Mann ist dort, wo man Feierkleider trägt und wo Anbetungsfeste gefeiert werden, denn seine Sünde ist weggetan.‹«

11. Eine »Gehilfin, die um ihn sei«

Einander partnerschaftlich ergänzen
löst Befriedigung des Herzens aus.

»Hast du deinen Heiner geheiratet, weil er Pfarrer war?« wollten wir Kinder von unserer Mutter wissen.

»Nein! Ich liebte ihn mit seinen blauen Augen und seinen schwarzen Locken, und ich schätzte den guten Kern seines Wesens. Doch ich war dankbar, daß er einen Beruf hatte, der mir vertraut war und an dem ich Anteil haben konnte. Mein Ideal war, Ehefrau und Mutter von vielen Kindern zu werden und auch meinem Mann im Beruf eine Gehilfin zu sein. Es gibt nicht viele Berufe, wo das möglich ist.«

»Du warst nur eine unbezahlte Gemeindehelferin, und die Kirche hat an dir viel Geld gespart!« protestierten wir. »Für deine ehrenamtliche Tätigkeit hättest du das Bundesverdienstkreuz am Bande verdient!«

»Ich genoß die Freiheit und das Ansehen der Ehrenamtlichen: Ich konnte, wenn ich wollte, meine Gaben einbringen und auch, wenn ich es für nötig hielt, mich wieder erneut auf die engste Familie konzentrieren. Jedenfalls hat meine eigenständige Mitarbeit in der Kirchengemeinde unsere Ehe und Familie befruchtet und auch euren Horizont und eure Verantwortlichkeit erweitert. Bestätigung und Freude erlebte ich in meinem Einsatz für andere und sah in vielem, was ich ehrenamtlich tat, eine besondere Berufung.«

Nun wollten wir Genaueres wissen.

»In Hinzweiler, unserem ersten gemeinsamen Wirkungsort, war mein Einsatz mehr diakonisch und kulturell. Ich ersetzte dort die nicht vorhandene Gemeindeschwester, wurde in die Häuser gerufen, wo Not war und Rat fehlte, leistete oft Erste Hilfe, richtete sogar eine Mütterberatung im Pfarrhaus ein und erntete viel Dankbarkeit, was mich natürlich beflügelte. Daneben brachten wir Jugendarbeit, Laientheater und Gemeindefeste in Gang und setzten das ganze Dorf in Bewegung.

Euer Papa war mit Amtshandlungen und Unterricht in dieser großen Kirchengemeinde, die heute noch aus 7 Dörfern besteht, voll ausgelastet, während ich verschiedene Gemeindegruppen aufbaute. So ergänzten wir uns gut. Er saß oft in einer Gruppenstunde dabei, unterstützte mich und freute sich am Gelingen der Stunde. Wenn ich ihm neue Ideen unterbreitete oder berichtete, wie eine Veranstaltung gelaufen war, saß er gemütlich im Sessel, schlug ein Bein über das andere, wippte mit der Fußspitze und zog befriedigt an seiner Pfeife. Daß wir fast immer eine gute Hausgehilfin hatten, ermöglichte mir natürlich den Einsatz im Gemeindeaufbau. Gemeinsam bauten wir, Frauen wie Männer, einen Gemeindesaal in die Pfarrscheune ein. Euer Papa und ich waren geschätzt und beliebt, und unser altes Pfarrhaus war ein Haus der Offenen Tür. Viele gingen aus und ein und brachten uns Vertrauen entgegen und nirgendwo Kritik – ein kleines Himmelreich auf Erden.

Aber bei allen mitmenschlichen Bemühungen fehlte damals das Wesentliche, weil wir es selbst nicht hatten. Nicht nur wir beide ahnten den Mangel; auch manche Gemeindeglieder merkten es, obwohl sie es nicht in Worten ausdrückten. Einmal wagte ich es, einen befreundeten Pfarrkollegen, der oft bei uns zu Besuch war, zu fragen: ›Wie komme ich nur mit Gott in eine persönliche Verbindung? Er ist mir so fern wie die Sterne.‹ Der Freund konnte mir keine Antwort geben. Er schaute mich verwundert an: ›Was du für Fragen hast!‹, und schüttelte den Kopf.

Nach Jahren, die uns mit den Gemeindegliedern sehr verbunden hatten, kam der große Wechsel aus dem friedlichen Waldtal in die problembeladene Großdorfgemeinde Haßloch. Am Abend vor dem Umzug standen die Hinzweilerer wie eine schwarze Mauer trauernd um das Pfarrhaus. Die Frauen- und Jugendchöre sangen oben vom Obstberg herunter: ›Im schönsten Wiesengrunde. . .‹. Heiner und ich standen an der Haustür und weinten. Im Morgengrauen fuhren wir mit den Kindern, von Abschiedsblumen überschüttet, recht bedrückt aus dem heimatlichen Frühlingstal hinaus. Unaufhaltsam rollten uns die Tränen über die Wangen. Am neuen Wirkungsort schlug uns eisiger Wind entgegen. War aus dem sonnigen Frühling Winter geworden?«

Die Schwiegertochter

Andere bestehen lassen
und ihnen ihre Eigenart verzeihen
– das ist deine Pflicht.

Nun fühlen Mutters Schwiegerkinder ihr auf den Zahn:
»Was hast du als Schwiegertochter erlebt?«

Mutter schaut sie voller Wärme an. Mit ihren Schwiegerkindern hat sie oft einen innigeren Gedankenaustausch
als mit dem einen oder anderen eigenen Kind, wenn es gerade verschlossen ist.

»Als junge Schwiegertochter bin ich im Hause meiner
Schwiegereltern herzlich aufgenommen worden. Die
Schwierigkeiten, die ich mit ihnen hatte, gingen, wie ich es
jetzt erst erkenne, von mir aus.

Mein Schwiegervater erlebte in seiner Jugend arme Zeiten; denn sein Vater, Bauer und Müller, war früh gestorben. Seine Mutter zog mit einem Handwagen durch Lu-
stadt, sammelte die Wäsche reicher Leute ein und wusch
sie. So hat sie als fleißige Waschfrau unter großen Opfern
ihrem Sohn Heinrich den Besuch der Lateinschule in Ger-
mersheim und das Theologiestudium ermöglicht. Er heira-
tete die Pirmasenser Kaufmannstochter Katharina Lang
und war Pfarrer in Lemberg.

Es war am 1. Juni 1896. In der Stadt Pirmasens tagte gerade die Bezirkssynode, und euer Großpapa mußte dort einen Vortrag halten zum Thema »Die Bedeutung der Kin-
derkirche für unsere Zeit«. Gleichzeitig erblickte sein erst-
geborener Sohn Heiner, euer Papa, im Lemberger Pfarrhaus das Licht der Welt. Es gab weder Telefon noch Bus-
verkehr; so lief der Kirchendiener die fünf Kilometer in die
Stadt, platzte in die feierliche Synode hinein und verkün-
digte dem neugebackenen Vater: ›Er ist da!‹ Ein Kollege
stellte den humvorvollen Antrag, den glücklichen Vater
vom weiteren Verlauf der Synode zu beurlauben, was ge-
nehmigt wurde.

In den nachfolgenden Jahren gesellten sich zum kleinen

Heiner noch fünf Geschwister. Ein Bübchen ist früh gestorben. Tiefes Leid brachte den Eltern der Tod von zwei geliebten Töchtern im Alter von sechzehn und zehn Jahren in der Hungerszeit nach dem Ersten Weltkrieg. Sie starben infolge von Unterernährung an einer Lungenkrankheit. Da lebte die Familie längst in Pirmasens, wo euer Großpapa Kirchenrat und gefürchteter Schulinspektor war.

Meine Schwiegermutter war eine herzensgute Frau, deren Leben einen ganz geregelten Rhythmus hatte. In ihrer ruhigen Art war sie völlig anders als ich. Es fiel mir schwer, mich auf sie einzustellen. Wie konnte eine Pfarrfrau sich so wenig auf die Herausforderungen einer momentanen Situation einlassen? Bei Schwierigkeiten schien sie immer den Weg des geringsten Widerstands zu wählen.

»Aha!« bemerken die zuhörenden Enkel, »jetzt kommt's 'raus, wer daran schuld ist, wenn wir zu phlegmatisch sind, um aufzuräumen oder uns zu engagieren: unsere Urgroßmutter!«

»Mein Schwiegervater«, fährt Mutter fort, »war ein Patriarch alten Stiles. Was er befahl, wurde stets ausgeführt. Seine Frau Kathrinchen hat ihm nie widersprochen. Sie sagte stets: ›Ja, lieber Heinrich!‹ Das störte mich keineswegs, denn das war der Familienstil der damaligen Zeit. Ich verübelte meinem Schwiegerpapa jedoch sein Theologengezänk. Er war ein ›Liberaler‹ und kämpfte wortgewandt gegen die ›Positiven‹, die entgegengesetzte theologische Richtung in unserer Landeskirche. Ich bin keine Theologin, sondern eine normale Bibelleserin und verstehe heute diese damalige Auseinandersetzung so: Am Kreuz Jesu schieden sich die Geister. Die Liberalen sahen in Jesu Leben, Leiden und Sterben ein menschliches Vorbild, das uns zu Mitmenschlichkeit motiviert. Die ›Positiven‹ sahen in Jesus Christus Gottes Sohn, der am Kreuz zur Versöhnung zwischen Gott und Menschheit starb, leiblich auferstanden ist und wiederkommen wird. Nur wer eine persönliche Herzensbindung mit ihm eingeht, der ist wiedergeboren, Gottes Kind und hat jetzt schon ewiges Leben.

Schwiegerpapas Kontrahenten waren sein junger von der Erweckungsbewegung geprägter Vikar Fritz Risch und manche andere sog. Positive. Da tobte der Theologenstreit von Kanzel zu Kanzel.«

Für mich, die spätere Schwiegertochter jenes Vikars, ist diese Auseinandersetzung der Väter hochinteressant. Mit Genugtuung höre ich weiter:

»Euer Großpapa hat immer wieder mit besonderer Betonung erwähnt und sich dabei energisch nach rechts und links das Oberlippenbärtchen gestrichen: ›Also, daß mein früherer Vikar, der junge Risch, sich für sein hitzköpfiges Vorgehen bei mir entschuldigt hat, das muß ich anerkennen! Jawohl, das rechne ich ihm hoch an!‹«

»Und wie hast du deine Kritik an den Schwiegereltern verarbeitet?« bohren wir weiter.

»Da hat mich mein Staudengarten belehrt. Ihr wißt, daß ich die Vielfalt der Arten liebe. Wenn ich eine neue Blumensorte irgendwo sehe, muß ich sie unbedingt haben. Nichts ist für mich langweiliger als eine monotone Bepflanzung mit nur wenigen Sorten. In der originellen Vielfalt der Arten liegt für mich Spannung, Freude, sogar Erregung. Wenn sich aber diese schöpferische Verschiedenheit in meinen mitmenschlichen Beziehungen auswirkt, werde ich leider oft engherzig, denke, die andern müßten so sein und sich so verhalten wie ich. Ich ärgere mich über ihre Eigenprägung, gebe mir auch wenig Mühe, ihre Andersartigkeit zu verstehen. Neid, Stolz, Hochmut und Minderwertigkeitskomplexe stehen trennend dazwischen. Da stellt sich die Frage: Wie kommt es zu einer Versöhnung der Vielfalt? Erst jetzt, wo ich reifer bin, habe ich die Antwort auf diese Frage gefunden. Ich habe mich gründlich über meine geheimen und lauten Vorwürfe meinen Schwiegereltern gegenüber geschämt. Bin ich denn ihre Richterin? Sie haben sich nur vor Gott zu verantworten. Das lehrte mich die geschöpfliche Vielfalt in meinem Staudengarten. Von da an sah ich vor allem ihre guten Seiten: die Herzensgüte meiner Schwiegermutter und den aufrichtigen Glauben meines Schwiegervaters. Ihr Phlegma ist jetzt von ihrer geduldigen Güte verdeckt und seine Rechthaberei von seinem Gottvertrauen. Durch meine Kritik war ich wie blind für ihre liebenswerte Eigenprägung, aber leider scharfsichtig für ihren Mangel. So habe ich beim Nachdenken darüber immer mehr wunderbare Eigenschaften an ihnen entdeckt, z.B. daß Schwiegermama im Gegensatz zu mir nie nachtragend war und daß Schwiegervater ein Poet mit tiefen Gefühlen war, der unzählige Gedichte geschrieben hat.

Ach, was hatte ich Wesentliches versäumt und so wertvolle Beziehungen verarmen lassen! Welchen Gewinn hätte ich davon haben können! Zu spät!«

Wir sind betroffen von Mutters Klage. Gleichzeitig sind wir auch dankbar, daß sie uns so aufrichtig ihre innersten Gedanken anvertraut.

»Mutter«, sage ich, »du kannst deine Schwiegereltern übers Grab hinaus um Vergebung bitten. Durch Christus kommt das alles in Ordnung!«

Sie nickt, in Erinnerungen versunken.

Gebet

Gedichtet von Pfarrer und Kirchenrat Heinrich Schreiner nach dem Ersten Weltkrieg, als Schweres hinter ihm lag und als Gott durchgeholfen hatte.

> Treuer Vater, sei gepriesen,
> daß du uns von Jugend auf
> soviel Lieb' und Treu' erwiesen
> und in unserm ganzen Lauf
> uns von Tag zu Tag begleitet
> und nach deinem Rat geleitet!
>
> Dankbar stehn wir, tief gerühret,
> Herr, vor deinem Angesicht!
> Gnädig hast du uns geführet.

Dank für deinen Unterricht!
Niemand soll den festen Glauben
an dich, Vater, je uns rauben!

Denn wir trauen deinem Worte,
wenn's auch wunderseltsam steht,
folgen dir von Ort zu Orte,
wenn's auf rauhem Weg auch geht.
Dann ist auch auf Leidenswegen
unsre Ernte Heil und Segen.

Denn die Liebe kann nur lieben
und mir immer Gutes tun!
Muß sie auch das Fleisch betrüben,
kann der Geist doch in ihr ruhn
und aus allen bittern Dingen
soviel Trost und Heilung bringen.

Laß uns, Herr, in Einfalt bleiben
und in allem lauter sein!
Du wirst alles schon betreiben
uns zum Heil und zum Gedeihn,
wirst den besten Weg uns führen
und im Tod uns nicht verlieren.

Amen.

13. Von Beruf Mutter

Die Welt braucht die Mütter;
denn sie ist so arm an Liebe.
Alle wirkliche Liebe
kommt von den Müttern.

Siehe, Kinder sind eine Gabe
des Herrn, und Leibesfrucht
ist ein Geschenk.
Psalm 127,3

»Mutter, warum hast du so viele Kinder bekommen? Gab
es damals noch keine Verhütungsmittel?«

Sie lacht: »Natürlich haben wir sie gekannt und zeitweise benutzt. Aber ihr – ihr wolltet ja unbedingt auf die Welt

kommen! Wir haben euch nur den Eingang ermöglicht. Ja, es war jedesmal wie ein zartes Anklopfen: ›Ich will gezeugt werden!‹ Ich denke, daß die Menschenkinder zuerst in Gottes Gedanken leben und dann geboren werden wollen, und daß er jedes einzelne schon zuvor kennt. Ich habe wohl deshalb dieses ganz leise Pochen vernommen, weil ich selbst in meiner Kindheit so einsam war. Keinem von euch wollte ich eine solche Einsamkeit zumuten.

Schon in der Brautzeit sprachen euer Papa und ich von euch. Wenn er nur ein, höchstens zwei Kinder geduldet hätte, dann hätte ich ihn wegen dieser Einstellung wohl nicht geheiratet. So war es für mich das Natürlichste auf der Welt, daß ich sieben Kinder geboren habe. Was bin ich so dankbar, daß ihr alle lebt und jetzt in meinem Alter zeitweise oder abwechselnd bei mir seid!

Wenn meine Einstellung zur Mutterschaft anders gewesen wäre, dann hätte ich mich schon nach dem ersten Gebären gegen alles weitere ›Anklopfen‹ taub gestellt; denn es war eine sehr schwere Geburt, lieber Gerhart!« Mutter blickt mit Wärme und ein bißchen Stolz auf ihren Erstgeborenen. »Die Schwangerschaft mit dir war sehr beschwerlich. Um so mehr habe ich dich in liebe Gedanken eingehüllt, viel wärmer als mein Leib es tun konnte. Ich ahnte, daß wir einen Sohn erwarten, und bündelte deine Säuglingswäsche mit hellblauen Bändern. Voller Vorfreude richteten wir die alte Wiege, in welcher schon dein Papa und dein Großvater gelegen hatten. Aber dann kam eine so qualvolle Geburt zu Hause, die drei Tage und zwei Nächte dauerte. Meine Mama und mein Heiner litten – übernächtigt und hohläugig – mit mir. Der alte Arzt weigerte sich, entspannende Linderungsmittel anzuwenden. Als ich zu Tode erschöpft war, zog er dich in letzter Minute – blau und mitgenommen warst du – mit einer Zange heraus. Das Glück war unaussprechlich, als ich dich an mich drückte und dein verbeultes Köpfchen an meiner Backe spürte – eine Seligkeit, die nicht einmal mit meiner Hochzeitsfreude oder unserer Verlobung zu vergleichen war. Was mußtest du dich so schwer zum Leben durchringen! Ich befürchtete, du würdest, wenn du älter bist, dich auch durch manche dunkle Engpässe quälen müssen.

Ganz besonders hat dich mein Vater geliebt. Du warst die Freude seines Alters. Er sah in dir viel Ähnlichkeit mit seinem ersten Sohn Friedrich. Wie ein guter Freund spielte er mit dir, brachte dir sehr früh das Sprechen bei, ganze Sätze in Schriftdeutsch, und erklärte dir deine Kinderwelt. Alle deine vielen Fragen hat er mit geduldiger Liebe beantwortet. Vielleicht bist du dadurch ein Professor geworden? Du hast als Kleinkind stundenlang mit Autos gespielt, aufmerksam das Räderwerk betrachtet, sie auseinandergenommen und versucht, sie wieder zusammenzusetzen. Ganz fasziniert warst du bei der Sache!«

»Aha – der Maschinenbauer!« lachen wir, »früh übt sich, was ein Meister werden will!«

»Beim Gute-Nacht-Kuß«, fährt Mutter unbeirrt fort, »hast du gerne meinen Kopf festgehalten und mir deine Geheimnisse und Probleme anvertraut; das machte mich zutiefst glücklich. Bist prächtig gediehen, verwöhnter kleiner Kronprinz; hast dir dabei aber auch einige Manieren des Einzelkindes angewöhnt. Wir waren machtlos, haben den Arzt gefragt und Erziehungsbücher gewälzt. Da hat zum Glück ein zweites Kind bei uns angepocht!«

Alle schauen mich an.

»Ich erlebte eine problemlose und heitere Schwangerschaft, hätte Bäume ausreißen können. Im Herbst war ich zum Pilzesammeln viel im Wald und hatte Freude an der Buntheit und Vielfalt der Natur, während du, Hanne, lebhaft in meinem Bauch gestrampelt hast. Ohne Zweifel hat sich da schon dein Temperament bemerkbar gemacht. Bist ja heute noch manchmal nicht zu bremsen! Meine Eltern bestanden darauf, daß ihr zweites Enkelkind im Krankenhaus geboren werden solle. So verbrachte ich die letzte Zeit der Schwangerschaft bei ihnen in Rhodt und ließ mich zur Entbindung ins nahe Krankenhaus in Edenkoben bringen. Es war Feiertag. Als ich in den Kreißsaal gefahren wurde, läuteten gerade die Glocken, und die Schwestern gingen, zum Kirchgang bereit, im Flur an mir vorbei. ›Wir beten im Gottesdienst für Sie und das Kind!‹ versprachen sie aufmunternd. Ich wußte, es war kein leeres Versprechen; es hat mich ungemein beruhigt. Nun konnte ich die schlimmen Erinnerungen an die qualvolle Geburt des ersten Kindes fallen lassen und mich entspannt auf das neue Geburtserlebnis einstellen. Spürbar erlebte ich, welche Kraft die Fürbitte hat. – Du kamst, Hannele, mit etwa acht Zentimeter langen schwarzen Haaren als ein Himmelsgeschenk auf diese Welt, hast sie gleich mit hellwachen Augen betrachtet und dabei schmatzend den Daumen gelutscht. Vor dem Fenster ein kahler Baum, darauf ein kleiner Vogel, der trotz Spätherbst und kaltem Wetter singt! Da habe ich meiner kleinen Tochter die Fähigkeit gewünscht, auch an trüben Tagen und in schweren Zeiten trotz allem noch ein Lied singen zu können!«

Ich kannte längst meine Geburtsgeschichte, denn Mutter hatte sie mir früher an meinen Geburtstagen wie ein Geheimnis zwischen ihr und mir erzählt. Jahr für Jahr wollte ich sie immer wieder hören. Nun hören sie auch meine Geschwister mit. Mutters Gesicht ist beim Erzählen ganz jung geworden. Wir wollen sie aber nicht überanstrengen und verabreden das nächste interne Familientreffen, zumal es ihr eine Herzensfreude ist, ihre erwachsenen Kinder um sich zu haben.

Natürlich wollen auch meine jüngeren Geschwister Ereignisse aus ihrer frühen Kindheit hören und geben gerne den Erzählfaden wieder in Mutters Hand.

»Nachdem unsere beiden Ältesten, Gerhart und Hannelore, gut gediehen sind, keines auf das andere eifersüchtig war und wir im Pfarrhaus genug Platz hatten, freuten wir uns sehr auf unser drittes Kind. Während der Schwangerschaft empfand ich sein Gewicht auffallend schwer, als hätte ich mehr zu tragen als nur das Körperchen. Inzwischen lebten meine Eltern im Ruhestand in Landau. Dort solltest du, Traudel, im Bett meiner Mutter, wo auch ich geboren wurde, zur Welt kommen. Die Geburt ging nur

zäh vor sich. Endlich, endlich warst du da! Ein kleines Dik-
kerle! Glücklich legten sie dich auf die Waage und lachten
schallend: 9 1/2 Pfund! Als hättest du geahnt, was auf dich
zukommen würde, hast du schon beizeiten gut vorgefut-
tert!

Schon in den nächsten Tagen entdeckte ich zwei kleine
Pocken in deinem runden Gesichtchen. Es wird doch
nichts Schlimmes sein? Bald danach war dein ganzes Körperchen mit Ekzemen übersät. Kein heiles Fleckchen Haut
mehr! Ich kann euch nicht sagen, wie mir das ins Herz
schnitt. Der Ausschlag juckte entsetzlich, und du hast dich
ständig blutig gekratzt. Wir traurig hast du mich ange-
blickt, als ich dir die Händchen und Beinchen festbinden
mußte. Meine Tränen sind auf deine Fesseln getropft!
Nicht mehr waschen konnte ich dich, kaum mehr anfas-
sen, nur noch salben und verbinden. Deine Haut war über
und über mit Eiterkrusten bedeckt. Bald stellte sich Fieber
ein. Es verzehrte deine Kräfte. In Qualen hast du dich ge-
wunden und konntest kaum noch schlafen. Die besten
Fachärzte haben wir aufgesucht und unzählige Medikamente ausprobiert. Die einzig klaren Fleckchen, die du
noch hattest, waren deine Augen. Wenn sie auch oft traurig und gequält blickten, strahlten sie doch in einem eigenen Glanz, der noch etwas von einer sonnigen Zukunft
versprach. Eines Morgens waren auch sie entzündet, verei-
tert und gingen nicht mehr auf. Du hast so erbärmlich aus-
gesehen, daß ich dich und mich im zweiten Stock des
Pfarrhauses einschloß und dich niemandem mehr zeigte.
Nachts, wenn das Fieber über 40 Grad stieg, weinte ich bittere Tränen an deinem Bett. Ich war am Verzweifeln.

In dieser Zeit habe ich wieder angefangen, inständig zu
beten. Ich habe zum Vater im Himmel gefleht wie noch
nie. Warum bringt mich nur die Not zum rechten Beten
und nicht auch das Glück? Sicher, auch in guten Zeiten be-
teten wir zu Tisch und am Abend und waren christlich ge-
sonnen – schließlich waren wir ja eine Pfarrersfamilie!
Aber wir waren nicht im aufrichtigen Gespräch des Herzens mit Gott, sondern hatten nur eine gewisse, fromme

Gewohnheit. Jetzt aber habe ich in meinem Jammer mit den Psalmbetern zu Gott geschrien. Es muß über alle Entfernungen hinweg bis an seinen Thron gedrungen sein. Nach fast neun Monaten – es war gerade Pfingsten, und wir wohnten schon in Haßloch -, da messe ich unter ständigem Beten meinem Traudelkind die Temperatur. Ich traue meinen Augen nicht, der Atem stockt mir: 37 Grad! Ein Wunder! Von da an kam das Fieber nicht mehr zurück. Der Ausschlag besserte sich zusehends, und ich konnte die festgebundenen Glieder loslösen. Wie hast du gestrampelt und mit den Ärmchen gewedelt und zum ersten Mal dein Köpfchen gehoben! Allmählich bist du zu Kräften gekommen, lerntest endlich sitzen, stehen und mit zwei Jahren dann auch gehen. Diese Freude! Doch – haben wir genug für die Gebetserhörung gedankt oder sie am Ende gar als selbstverständlich angenommen? Jedenfalls meinten wir, die glücklichsten Eltern zu sein, die es gab.

Wir hatten uns immer noch nicht in unserem neuen Wirkungskreis eingelebt. Der Unterschied zwischen der ersten und der zweiten Pfarrei war zu kraß. Wir jungen, noch unerfahrenen Pfarrersleute wurden hier mit Problemen konfrontiert, die uns bisher unbekannt waren. Vielfach hatten wir keinen Durchblick und erlebten manche Enttäuschung.

In dieser recht schwierigen Zeit klopfte wie ein kleiner, süßer Trost unser viertes Kind an. Würde die körperliche Kraft ausreichen? Hat unsere elterliche Liebe noch einen freien Raum für ein neues Kind? Wir fanden ein volles Ja und wünschten uns nach den zwei Mädchen noch einen Sohn.

So verschieden wie jedes Kind von euch sieben ist, genau so verschieden waren jede Schwangerschaft und meine Gespräche mit dem ungeborenen Kind in mir. Und jede Entbindung war ein neues, eigenes Erlebnis, das sich von den vorangegangenen unterschied. So hat unser neues Baby, noch bevor es auf die Welt kam, alle Probleme des Einlebens in Haßloch mitbekommen. Ich selber war in diesen neun Monaten nachdenklicher und stiller als je und habe mir bewußt Zeit für mich selber genommen. Ich bin sicher, daß da ein Zusammenhang zwischen den Erlebnissen während der Schwangerschaft und der Geburt selbst und dem Wesen des Kindes besteht. Das lehrten mich meine Erfahrungen. Ich weiß nur nicht, wie eine solche Wechselwirkung vor sich geht.

Die Entbindung war problemlos und verhältnismäßig flott: eine kleine, zierliche Tochter! Überglücklich nahm ich sie in meine Arme: ›Ob Bub oder Mädel – willkommen, mein liebes Kind!‹

An deinen Tauftag, Ursel, kann ich mich besonders gut erinnern. Damals war es noch üblich, daß die meisten Kinder zu Hause getauft wurden. So habe ich dir im sonnigen Eck des Wohnzimmers liebevoll einen Altar aufgebaut, ganz von Palmen und Blüten umgeben. Die weiße Decke habe ich mit Rosen besteckt und meinte, ich müßte alles in Blumen hüllen: das ganze Haus, deine Geschwister, vor allem dich und dein zukünftiges Leben. Wie ein zartes Rosenblättchen lagst du im duftigen Taufkleid auf dem Arm deiner Patin. Als Großpapa Schreiner dich taufte und zum Segnen seine Hand auf dein Köpfchen legte, da hast du hell gelacht. Als Hausgemeinde haben wir alle Gottes Segen auf dich herabgefleht, daß er dich führe und beschütze.

Du warst als Säugling und Kleinkind auffallend still und vergnügt in dir selber, oft auch recht nachdenklich. Nur bei Auseinandersetzungen im Geschwisterkreis ist ab und zu ein spritzig-zorniges Temperament hervorgeblitzt. Schließlich mußtest du dich gegen zu viele Miterzieher wehren und deinen eigenen Weg finden. Immer mehr haben wir eine äußere und innere Ähnlichkeit mit meiner Mama erkannt, dieser stillen, tapferen und tragfähigen Frau, die so viel Schweres erduldet hatte, ohne zu klagen.

Mehr und mehr faßten wir im Großdorf Haßloch Fuß, und ich fragte Gott: Wo ist mein Platz in dieser Kirchengemeinde? Da wir auch hier wieder treue und zuverlässige Hausgehilfinnen hatten und eure Großmama vieles in die Hand nahm, hielt ich mutig Ausschau, ob da vielleicht eine Lücke im Gemeindeaufbau wäre. Und ich fand mehrere.

Es machte mir Freude, dort etwas aufzubauen und zu gestalten, wo noch nichts war.

Ihr Kinder brachtet natürlich viele Freunde und Nachbarskinder mit ins Haus. Unser großer Garten mit der Spielwiese war ein Anziehungspunkt, und der Rundlauf im Hof war das Vergnügen aller. So hat es nahe gelegen, daß ich Kinderstunden und Jugendkreise in die Wege leitete. Bald gingen Jungscharen und Jugendgruppen bei uns aus und ein und bevölkerten Haus und Gelände.

Unser Pfarrhaus öffnete ich auch für musikliebende Gemeindeglieder und rief einen Singkreis ins Leben, der mir selbst viel Freude machte und mich beflügelte.«

Wir älteren Kinder erinnern uns gut, daß wir regelmäßig an einem bestimmten Nachmittag zupacken mußten, das Wohnzimmer auszuräumen, Stühle und Bänke dort aufzustellen, Instrumente und Notenständer zu richten. Gegen Abend strömten dann die Sänger und Musikanten ins Haus. Es begann ein fröhliches Singen und Musizieren, an dem wir Kinder uns beteiligen durften.

Weiter erinnern Gerhart und ich uns noch, daß wir in einem besonderen Essensbehälter warme Speisen zu kranken Leuten bringen mußten, denn Mutter war der Meinung: »Wo für so viele gekocht wird, ist immer noch was für Bedürftige übrig!« So fuhren wir, die Mahlzeit sorgfältig auf das Fahrrad gepackt (das erste »Essen auf Rädern«), zu alten und kranken Gemeindegliedern.

»Diese Energie, etwas Neues aufzubauen, zuzupacken, wo Not ist, aus Wenigem etwas zu gestalten, ist besonders auf unser fünftes Kind übergegangen«, schmunzelt Mutter. Wir lachen, denn unsere Annelie pendelt zwischen Europa und der Dritten Welt hin und her und packt alle paar Jahre ein neues Hilfsprojekt an.

»Als Säugling, Kleinkind und Schulkind bist du, Annelie, am problemlosesten gediehen, als hättest du gewußt, daß ich viel Arbeit hatte«, fährt Mutter fort: »Braungebrannt, vor Gesundheit strotzend, immer guter Laune, energisch, doch ohne hartnäckige Auseinandersetzungen, mit einem Wort: ›pflegeleicht‹. Nie habe ich dich als Belastung empfungen, habe kaum gespürt, wie du großgeworden bist!

Natürlich hatten wir uns nach Ursel wieder einen Jungen gewünscht. Doch als du dich dann so ausgeglichen und heiter entwickeltest, waren alle über dich entzückt. Mit jedem von euch Kindern haben sich mir neue Welten aufgetan. Ich wäre um vieles ärmer, wenn nur eines von euch gefehlt hätte.«

14. Ein halbes Dutzend

> *Kinder – nur eine kurze Zeit sind*
> *sie uns anvertraut;*
> *und wir dürfen ihnen Nestwärme geben.*
> *Bald wachsen ihnen Flügel,*
> *und sie fliegen davon.*

Wir künden es laut in Dur und Moll:
Das halbe Dutzend ist jetzt voll;
denn heute kam rundbäckig und fein
zu uns ein liebes Brüderlein.
Nun klingen die fröhlichen Lieder noch mehr
im Pfarrhaus dankbar zu Gottes Ehr'.
                    Gerhart, Hannel, Traudel, Ursel und Annelie

Darüber eine Zeichnung: eine Birke mit Nistkasten, davor auf den Zweigen fünf lustige Vögel. Ein sechstes Vöglein kommt gerade angeflogen. Die Fünf empfangen es mit piepsenden Schnäbeln.

Seit einigen Wochen liegen zwei Stöße dieser selbstgedruckten Geburtsanzeigen auf Papas Schreibtisch. Sie unterscheiden sich nur in einem Wort: Auf dem rechten Stoß steht »Brüderlein«, auf dem linken statt dessen »Schwesterlein«.

Geburtsdatum und Namen des Neuankömmlings fehlen. Die ganze Familie, außer Mutter, hält sich in der Nähe des Telefons auf. Der sonst so ruhige Papa im Schreibsessel zieht aufgeregt an seiner Pfeife und wippt nervös mit seinem rechten Fuß. Heute morgen war Mutter mit ersten Wehen ins Landeskrankenhaus nach Mannheim gefahren worden. Ich kommandiere die jüngeren Geschwister herum und versuche, unsere Mutter zu ersetzen. Innerlich zittere ich: ›Wird alles gutgehen? Werden wir ein Brüderlein oder ein Schwesterchen bekommen?‹ Mutter hatte mir anvertraut, daß sie Gott so sehr um einen Sohn gebeten habe.

Endlich, endlich läutet das Telefon. Wir stürzen alle gleichzeitig herbei. Papa hebt ab und strahlt: »Ein Brüderchen! Mutter ist überglücklich!«

Wir jubeln und tanzen im Zimmer herum. Papa ergreift jetzt den rechten Stoß der Geburtsanzeigen, reicht Gerhart ein Bündel mit einer Adressenliste fürs Unterdorf; der schwingt sich aufs Fahrrad und saust ab. Auch ich bekomme ein Päckchen und Adressen fürs Oberdorf. Begeistert trete ich in die Pedale, klingle an den Haustüren unserer guten Bekannten und überreiche die Geburtsanzeige. Traudel marschiert die Bahnhofstraße hinauf, Ursel und Mäuschen bringen die frohe Kunde in die Nachbarschaft. Wir haben den Eindruck: Das ganze Dorf freut sich mit uns. Danach flattern uns unzählige Glückwünsche ins Haus, viele mit kleinen Gedichten und Zeichnungen, die das sechste Vöglein willkommen heißen, dazu hellblaue Strampelhöschen, ausreichend für eine ganze Säuglingsstation.

Zum Empfang unserer beiden Lieben bringen wir das ganze Haus von oben bis unten auf Hochglanz, füllen alle Vasen und Eimer mit Blumen und Zweigen. Eine Girlande mit Willkommenschild und Zeichnungen schmücken die Haustüre. Endlich fährt das sehnlich erwartete Auto in den Hof. Begeistert umringen wir Mutter und den kleinen Jörg und führen sie im Triumphzug zum Schlafzimmer hinauf, wo das Korbbettchen mit einem neuen Behang schon längst bereit steht.

Viel später sagt Mutter zu ihrem Sohn Jörg, der Pfarrer geworden ist: »Ich vermute, daß ich dir nie erzählt habe, daß du das Kind bist, das ich am meisten erbeten habe. Ich hatte mir so sehr noch einen Sohn gewünscht; Gott hat mir meine Bitte erfüllt. Als du dann geboren warst, brauchte ich Stunden, um das Übermaß meines Glücks zu fassen. Ich weinte Freudentränen. Als Ausdruck meiner Dankbarkeit habe ich dich damals Gott geweiht. Diese Übergabe habe ich bei deiner Taufe wiederholt und dich ganz in seine Hände gelegt, daß er dich in seinen Dienst nehme.«

15. Im Zweiten Weltkrieg

>»Du kannst deine Schwierigkeiten und die schwierigsten Menschen in deiner Umgebung heute in dein Gebet einschließen – und du wirst ihnen offener begegnen können als gestern.
>Du kannst die Probleme dieses Tages von Gott her sehen lernen – und du wirst ihre Lösung gelassener entscheiden oder auch abwarten können.
>Du kannst dein ganzes Leben in Gottes Hand legen – und deine Tage werden aufstrahlen im Morgenglanz der Ewigkeit.
>
>(aus dem Neukirchner Kalender)

Mutter erzählt: »Als unser kleiner Jörg ein halbes Jahr alt war, da ist der schreckliche Krieg ausgebrochen. Sofort wurde Papa eingezogen, und ich stand allein da mit den sechs Kindern. Weinend rief ich meine Mama in Landau an. Sie antwortete: ›Ich löse meinen Haushalt hier auf‹ – euer Großpapa war ja schon in der Ewigkeit – ›und komme jetzt ganz zu euch und helfe dir, Opfer zu bringen!‹

Von da an wurde das Pfarrhaus ein ›Asyl für Obdachlose‹, wie es manche nannten. Zuerst fanden unsere Verwandten aus Pirmasens, die wegen der Grenznähe evakuiert wurden, vorübergehend bei uns Unterschlupf. Dazu kam ein Vikar, der das Pfarramt übernahm und natürlich auch bei uns wohnte. Wir waren eine Großfamilie von 16 Personen und mußten in zwei Schichten essen, weil der Tisch nicht ausreichte. Als die Pirmasenser wieder in ihre Heimat durften, nahmen wir eine Flüchtlingsfamilie aus

Rumänien auf, dazu eine ausgebombte Cellolehrerin aus Mannheim, zuletzt eine obdachlose Lehrersfamilie aus Ludwigshafen und in der Besatzungszeit nach dem Waffenstillstand eine Haßlocher Familie, die ihr Haus hatte verlassen müssen. Wir taten, was wir konnten, um die Not der Obdachlosen und Flüchtlinge zu lindern, und waren dankbar, daß wir noch ein Heimathaus hatten.

Nicht die Menge der Arbeit war das Hauptproblem, sondern das Einordnen in die Großfamilie. So viele Menschen auf engem Raum in sehr bescheidenen Verhältnissen – das gibt Probleme. Es stellte sich dabei heraus, wer eingeübt war, seinen Egoismus zurückzuhalten, wer sah, was der andere brauchte; wer sich verantwortungsvoll für das Ganze einsetzte oder wer auf Kosten anderer lebte und es nicht einmal merkte. Ja, wer nicht frühzeitig seinen Blick für die Bedürfnisse des andern schärft und nicht gelernt hat, sich ein- und unterzuordnen, der muß es vielleicht später in Notzeiten bitter nachholen.«

Mutter blickt sorgenvoll auf ihre Enkel, die im Wohlstand groß werden und fast alle Wünsche erfüllt bekommen.

»Das andere große Problem war die zunehmende Lebensmittelknappheit. Hunger tut weh! Wie nur die vielen hungrigen Mäuler stopfen? Ich entschloß mich, nach und nach zehn Äcker und eine Obstplantage zu pachten und zusätzlich zu unseren Hühnern und Stallhasen noch andere Nutztiere zu halten: ein Schwein, vier Milchziegen und zuletzt sogar eine Kuh. Wir waren ›Teil-Selbstversorger‹ und bauten Gemüse, Kartoffeln, Obst, Futter- und Zukkerrüben, auch Getreide an und hatten Weideland – ich war wie meine Mama Bäuerin geworden.«

Meine jüngeren Geschwister staunen: »Wie hast du das alles ohne landwirtschaftliche Geräte geschafft, Mutter? Und wo haben die vielen Menschen im Haus geschlafen? Wie hält man solche Belastungen aus?«

»Mit Gottes Hilfe!« antwortet sie schlicht.

Ich selbst erinnere mich gut an diese Kriegsjahre. Bevor ich nach Neustadt in die Schule fuhr, habe ich zuerst die

Geißen gefüttert und gemolken. Wenn ich am Nachmittag heimkam, fragte ich: »Auf welchem Acker ist Mutter?«, fuhr mit dem Rad hin, um zu helfen. Mein Lieblingshobby, viele Bücher zu lesen, mußte ich wegen der Feld- und Stallarbeit aufgeben. Trotzdem liegt über diesen schweren Jahren in meiner Erinnerung ein heller Glanz. Es war eine spannungsgeladene und erlebnisreiche Zeit. Wir kämpften zwar ums Existenzminimum, hatten aber dafür viel Gemeinsamkeit und viel Freude, denn wir waren für Geringes dankbar. Knatschige, mit Kartoffeln angelängte Hefeküchlein waren, mit Rübensirup bestrichen, ein Festschmaus. Ein neues Dirndl aus einem alten Bettbezug war ein Festkleid. Trotz der vielen Arbeit fanden wir immer noch Zeit zum gemeinsamen Singen, Musizieren, Spielen und Basteln. An Sonn- und Feiertagen, als es noch wenig Fliegeralarm gab, packten wir eine Dose Hausmacherwurst, einen Laib Brot und Flöten in den Rucksack und wanderten zu den Burgruinen, die das Haardtgebirge krönen. Wenn wir eine Quelle fanden, wurde dort Rast gemacht, Quellwasser getrunken, gegessen, gesungen und gespielt. Mutters zuversichtliche und frohe Art hat die Kriegsjahre unserer Kindheit hell gemacht. Sie fand in dieser notvollen Zeit immer noch einen Weg, aus wenigem Beglückendes zu gestalten.

16. Nazizeit

Ein Volk,
das Gottes Gebote mißachtet,
geht zugrunde.

»Wie hast du eigentlich das Hitlerregime erlebt?« fragen meine jüngeren Geschwister unsere Mutter.

»Zuerst durchaus positiv«, antwortet sie ehrlich. »Nur meine Mama, eure Landauer Oma, die schon im Ersten

Weltkrieg das Opfer ihrer drei Söhne gebracht hatte, warnte mich immer wieder: ›Das wird nicht gut ausgehen, wenn ein Mensch wie Hitler sich an Gottes Stelle setzt und sich wie ein Gott verehren läßt; das läßt unser Gott nicht durchgehen!‹

Ich glaubte ihren Warnungen nicht, sondern sah den Aufschwung unseres Volkes. Sogar als euer Papa in der Schule wegen seines Religionsunterrichtes große Schwierigkeiten durch gewisse Lehrer bekam, war ich immer noch zuversichtlich und ermutigte ihn. Erst als der Krieg ausbrach und von mir und anderen Opfer forderte, da wurde mir die Gottlosigkeit und das Satanische dieses Regimes mehr und mehr bewußt. Doch es war schon zu spät. Ich mußte alle meine Kräfte auf den täglichen Überlebenskampf unserer großen Familie konzentrieren.«

Ich selbst erinnere mich, wie ich als kleines Mädchen mit einem Einkaufszettel zu dem Juden Löb in die Langgasse geschickt wurde. Doch vor seinem Geschäft war ein großer Tumult. Ich sah, wie Herr Löb auf einen Lastwagen geschubst wurde und wie Haßlocher Leute sein Geschäft plünderten. Ganz verstört ging ich heim. Meine Kinderwelt war in Unordnung geraten, denn Herr Löb hatte mir immer ein Bonbon geschenkt. Zuhause traf ich Mutter im Gespräch mit ihrer Freundin und Nachbarin an und fing Wortfetzen auf: ». . .er hat im Krieg 14-18 für Deutschland gekämpft, dabei ein Bein verloren und ist für Tapferkeit sogar mit dem Eisernen Kreuz ausgezeichnet worden . . .« Tante Maria, die Nachbarin, schaute mich ernst an und sagte eindringlich: »Kind, das ist nicht recht! Das ist nicht recht vor Gott!«

Jetzt wußte ich, wie ich dieses Erlebnis in meine kindliche Gedankenwelt einordnen sollte.

17. Weihnachten

Ich steh an deiner Krippe hier,
o Jesu, du mein Leben.
Ich komme, bring und schenke dir,
was du mir hast gegeben.
Nimm hin, es ist mein Geist und Sinn,
Herz, Seel' und Mut, nimm alles hin
und laß es dir gefallen!

Paul Gerhardt

Mutter war ein ›Weihnachtsmensch‹. Weil sie eine einsame, oft traurige Kindheit und Jugendzeit hatte, war ihre Mama damals sehr bemüht, der Tochter weihnachtliche Höhepunkte zu gestalten. So hat der Glanz der Weihnacht in manche dunkle Stunden der übrigen Jahreszeiten hineingeleuchtet. Diese Erfahrung wollte unsere Mutter auch an ihre Kinder weitergeben.

Da wir ganz wenig Taschengeld bekamen, begann bei uns je nach Gabe und Können schon vor der Adventszeit ein geheimnisvolles Werken, Sägen, Stricken, Nähen und Malen. »Gekaufte Geschenke sind unpersönlich und gar nicht so wertvoll!« behauptete Mutter. Draht für Puppengestelle, Stoffreste für Puppenkleider, Sperrholz für ein ganzes Puppenhaus, Latten für ein Kasperletheater, sogar Farben gab es immer, auch noch in der ärmsten Zeit.

An manchen Adventsabenden modellierte die ganze Großfamilie an einer Weihnachtskrippe aus bunter Knetmasse. Die Figuren vom Vorjahr wurden verbessert, neue kamen hinzu. So wurde von Jahr zu Jahr Maria lieblicher, Josefs Bart prächtiger und der musizierende Engelchor größer. Auch Hirten und Schäfchen vermehrten sich, und die Gewänder der Weisen aus dem Morgenland wurden jährlich bunter. Immer mehr Bethlehemiten strömten herbei, um das Kind in der Krippe anzubeten. Mit der Zeit wimmelte es nur so von Pilzen, Schlangen, Igeln und Mäuschen, die unsere Kleinen modellierten. Ebenso stammte der Christbaumschmuck aus unserer Familienwerkstatt und wurde von Jahr zu Jahr kunstvoller. Gekaufter Weihnachtsschmuck war verpönt.

Trotz aller Enge wurde jährlich ein Weihnachtszimmer reserviert, das Mutter mit geheimnisvoller Miene vorzeitig abschloß und den Schlüssel versteckte. Sogar das Schlüsselloch hat sie von innen verhängt – sie kannte ja unsere Neugier. Wenn wir lauschten, hörten wir manchmal dahinter ein Rumoren, Surren und Flüstern, was nur unsere Vorfreude vermehrte: »Bald, bald wird die Weihnachtstür aufgetan, und wir dürfen ins Weihnachtszimmer gehen!«

Am frühen Nachmittag des Heiligen Abends nahm Mutter uns mit, um einige Einsame und Trauernde kurz zu besuchen, ihnen ein Weihnachtslied zu singen und ein kleines Geschenk zu bringen; denn Mutter meinte: »Weil wir viel Weihnachtsfreude haben, wollen wir davon abgeben an Traurige!« Einmal hat Mutter kurzerhand das Kripplein aus der Kirche geholt, vor der Wohnungstür unserer Nachbarn ihr stampelndes Jüngstes hineingelegt, das wir als Hirten und Engel verkleidet umringten. Wir klingelten kurz und sangen lauthals: »Vom Himmel hoch, da komm ich her und bring euch gute, neue Mär . . .!«, während unser ›Mäuschen‹ in der Krippe vor Vergnügen dazu krähte.

Dann eilten wir nach Hause, um zuerst alle Weihnachtslieder, die wir kannten, zu singen und zu musizieren und so die prickelnde Spannung der Vorfreude voll auszukosten. Endlich ertönte die Glocke, und wir drängelten uns dem Alter nach vor der Weihnachtstüre, denn das Jüngste durfte zuerst in das kerzenerhellte Weihnachtszimmer hineintrippeln. Der Jubel war unbeschreiblich. Unter dem Christbaum war eine ganze Krippenlandschaft aufgebaut. Jeder suchte mit den Augen »seine« Figuren. Einmal standen auf dem Gabentisch die selbstgebastelten Puppen paarweise tanzend, die Mädchen im Brautschmuck, die Jungen im Bräutigamsanzug. Ein anderes Mal prangten alle Babypuppen in duftigen Taufkleidchen; denn Mutter hatte uns abgelauscht, daß wir so gerne »Familienfest«

spielten. Oder als wir mehr in der Märchenwelt lebten, jubelten wir über Rotkäppchen, Schneewittchen und den kleinen »Hans im Glück« mit seinem Rucksäckchen.

Mit gleicher Liebe und Fantasie gestaltete Mutter die Weihnachtsfeiern in der Kirchengemeinde. Am beliebtesten waren ihre Krippenspiele, die sie selbst geschrieben und eingeübt hatte. Dabei war ihr wichtig, daß die Gemeinde die volle Weihnachtsbotschaft erlebte – nicht nur Hirtenidylle und Weihnachtsromantik. So versuchte sie darzustellen, daß die Menschen durch Ungehorsam und Hochmut, durch Egoismus und Unversöhnlichkeit getrennt von Gott leben. Zwischen dem heiligen Gott und ihnen ist eine tiefe, unüberbrückbare Kluft: die Sünde. Aber sie haben Heimweh nach Gott. In ihnen ist eine Ahnung, welchen Frieden und welche Geborgenheit sie in seiner Nähe erleben könnten. Darum drückten die Hirten in Mutters Krippenspiel die Sehnsucht aus, mit dem himmlischen Vater in Verbindung zu kommen:

> »Wo bleibst du, Trost der ganzen Welt,
> darauf sie all ihr Hoffnung stellt?
> O komm, ach komm vom höchsten Saal,
> komm, tröst uns hier im Jammertal!
>
> Hier leiden wir die größte Not:
> Vor Augen steht der ewig Tod.«

Die Hirten kauern nachdenklich am »Feuer« – eine rotbrennende Taschenlampe unter Holzscheiten. Eine einsame Hirtenflöte klagt. Die Kirche ist fast dunkel, und die Weihnachtsgemeinde erlebt die Hoffnungslosigkeit dieser Welt, die Macht des Todes und der Sünde: Friedlosigkeit, Zerstörung, Hunger, Armut, Flucht, Verfolgung, Haß, Krieg, Mord.

Die Hirten sind ratlos: »Wir Menschen schaffen es nicht, dieser Welt Glück und Frieden zu bringen, sondern wir steuern immer mehr dem Chaos und der Vernichtung zu. Wir sind verloren, verloren, verloren! Wo ist Rettung?«

Von der Empore her ein Licht; der Chor singt leise:

>Da jammert Gott in Ewigkeit
mein Elend übermaßen;
er dacht an sein Barmherzigkeit,
er wollt mir helfen lassen.

Er wandt zu mir das Vaterherz,
es war bei ihm fürwahr kein Scherz:
er ließ sein Bestes kosten.«

Ein Zwiegespräch zwischen unsichtbaren Personen:
»Mein geliebter Sohn, mein Herz fließt über von Erbar-
men für diese verlorenen Menschen. Es gibt nur einen
Weg der Rettung: daß wir beide uns auseinanderreißen,
und daß du ein Mensch wirst und ihnen ganz mensch-
lich beweisest, wie unendlich lieb ich sie habe und daß
ich jeden in mein Reich aufnehmen will!« – »Ja, mein
Vater, ich bin bereit, aus Gehorsam und Liebe in die Finsternis und Hartherzigkeit der Welt hinabzusteigen.« –
»Mein Sohn, bist du auch bereit, dich ablehnen, foltern
und umbringen zu lassen? Denn es sind nur wenige, denen ihre Sünde leid tut, die Tränen der Reue vergießen,
wenige, die dich aufnehmen, dich über alles lieben und
verehren.« – »Mein Vater, sie sind mir kostbarer als
mein Leben.«
Maria und Josef kommen den Mittelgang her und bitten
rechts und links die Gemeinde, Gottes Sohn aufzunehmen. Nur ein Kind bringt ein Kripplein zum Altar und
singt:

»Eins aber, hoff ich, wirst du mir,
mein Heiland nicht versagen:
daß ich dich möge für und für
in, bei und an mir tragen.

So laß mich doch dein Kripplein sein!
Komm, komm und lege bei mir ein
dich und all deine Freuden!«

Maria und Josef sind erschüttert über die verschlossenen

Türen und harten Herzen der vielen ehrenwerten Leute und nehmen dankbar die Krippe an.

Nun wird es immer heller in der Kirche, bis alle Kerzen brennen. Der Verkündigungsengel ruft den zu Tode erschrockenen Hirten zu: »Euch ist heute der Heiland geboren!« Sie eilen zur Krippe und knien ehrfurchtsvoll nieder, und die Kinder kommen von allen Seiten und singen:

»O betet: Du liebes, du göttliches Kind,
was leidest du alles für unsere Sünd:
ach hier in der Krippe schon Armut und Not,
am Kreuze dort gar noch den bitteren Tod!
Was geben wir Kinder, was schenken wir dir,
du bestes und liebstes der Kinder, dafür?
Nichts willst du von Schätzen und Reichtum der Welt;
ein Herz nur voll Demut allein dir gefällt.
So nimm unsre Herzen zum Opfer denn hin;
wir geben sie gerne mit fröhlichem Sinn,
und mache sie heilig und selig wie deins,
und mach sie auf ewig mit deinem in eins!«

Die Hirten bitten die ganze Gemeinde, nicht nur an Weihnachten Jesus Christus zu verehren, sondern das ganze Leben lang: »Ihr dürft Gottes Kinder werden und Friedensboten sein!« Das habe verändernde Auswirkungen im engeren und weiteren Umfeld. Gott biete heute allen, der ganzen Menschheit und jedem einzelnen diesen Weg der Rettung an: »Wer entscheidet sich, Gottes Weg, der Jesus heißt, zu gehen?«

18. Biblische Geschichten

Was du früh in Kinderherzen säest,
wird prägend sein.

Wenn Mutter auch tagsüber in Haus, Garten und Feld vielerlei zu tun hatte, so ließ sie sich eines nicht von der Ar-

beit stehlen: die Gute-Nacht-Zeremonie. An den Samstag-
und Sonntagabenden fiel sie zu unserer Freude länger aus.

Wenn wir gewaschen oder gebadet waren und die
Schlafanzüge anhatten, kuschelten wir uns in einem der
großen Kinderbetten oder im warmen Badezimmer um
Mutter herum. Sie erzählte uns dann biblische Geschichten, oder sie las uns aus dem Kinderbuch »Sven von Tan-
nenkamp« vor, oder wir betrachteten zusammen die Bilder der Familienbibel und unterhielten uns darüber. Zuletzt sangen wir noch zusammen »Nun wollen wir singen
das Abendlied und beten, daß Gott uns behüt.« Gebetet
hat Mutter mit jedem einzeln, wenn sie noch einmal an jedes Kinderbett ging. Hier wurde auch das eine oder andere
flüsternd mit ihr ausgetauscht. Schließlich hatte jedes
Kind seine Geheimnisse und persönlichen Probleme. Die
älteren durften dann noch eine kurze Zeit im Bett lesen.

Ich erinnere mich gut an eine Karwoche, in welcher
Mutter keinen Osterputz gemacht hatte, dafür aber die
Gute-Nacht-Zeremonie länger ausdehnte: »Pontius Pila-
tus, der römische Führer, fragt die Leute: ›Wen soll ich frei-
lassen, den Mörder Barrabas oder den Herrn Jesus?‹ Alle
schreien: ›Barrabas!‹« Wir waren entsetzt: »Nein!« Wir
ballten die Fäuste, trommelten auf die Bettdecke und rie-
fen im Sprechchor: »Jesus! Jesus! Jesus!«

Mutter erzählte später, daß sie von unserer eindeutigen
Wahl betroffen gewesen sei und selbst daraus gelernt habe.

An den nachfolgenden Abenden sahen wir eindrückli-
cher als in einem Film, wie unser Herr Jesus ins Gesicht ge-
schlagen, angespuckt und an den Haaren herumgezerrt
wird, wie Lügen gegen ihn vorgebracht werden und wie er
verspottet und gegeißelt wird. Ich erinnere mich, daß ich in
Tränen ausbrach. Wir konnten es gar nicht fassen, daß
man so boshaft und gemein mit unserem Herrn Jesus ver-
fuhr: »Warum? Das ist doch ungerecht!« Mutter erfand
schnell eine Schulgeschichte, wie ein guter Schüler die
Strafe seines Freundes, der schon viel auf dem Kerbholz
hatte, auf sich nahm, damit dieser nicht ins Erziehungs-
heim käme. Diese stellvertretende Tat habe den Freund so

beeindruckt, daß er sich besserte. »So ähnlich ist es mit dem leidenden Jesus: Er hat unsere Strafe für Lügen, Streit, Haß und Krieg auf sich genommen. Einige Leute sind davon bewegt und danken es ihm, die meisten läßt es kalt.«

Am Karfreitagabend berichtete Mutter besonders behutsam, wie Jesus Christus am Kreuz für uns gestorben ist. Sie beeilte sich aber hinzuzufügen: »Es hat sich alles, alles gewendet: Viele von denen, die dabei waren, sind zutiefst erschrocken. Der Hauptmann am Kreuz, der gesagt hatte: ›Schlagt ihm die Nägel durch die Hände und die Füße!‹, der hat jetzt eingesehen, daß unser Herr Jesus unschuldig und Gottes Sohn ist. Manche Spötter sind beschämt und mit schlechtem Gewissen heimgeschlichen. Unser Heiland wird liebevoll abgehängt, in weiße Tücher eingehüllt und ruht jetzt tot in der kühlen Felsenhöhle. Nichts tut ihm mehr weh. Sein Gesicht ist zufrieden, daß er für uns gelitten hat. Die Engel halten an seinem Grabe Wacht. Und der Vater im Himmel sieht voller Liebe auf seinen gehorsamen Sohn.«

Wir hatten uns wieder beruhigt und waren gespannt, wie die Geschichte weitergeht.

Am nächsten Abend, dem Karsamstag, berichtete uns Mutter, wie Jesus Christus aus dem Grab in Herrlichkeit aufersteht und der ganze Himmel diesen Sieg mitfeiert. »Nur die traurigen Frauen und die Jünger haben noch nichts davon gewußt. Aber der Herr Jesus hatte es sich schon überlegt, wie er es ihnen nahebringen wird, daß er lebt und auferstanden ist.«

In diesem Moment begannen die Abendglocken, den Ostersonntag einzuläuten. Mutter öffnete das Fenster. Der Klang erfüllte mächtiger als sonst unser Kinderzimmer. Wir lauschten und ahnten etwas von der Macht und dem Sieg des Auferstandenen über den Tod, über die Hölle und den Satan. Wir erlebten damals ja hautnah die Schrecken des Krieges und brauchten umso nötiger das Wissen von der göttlichen Macht, die stärker ist als alles, was uns ängstigt.

19. Meine Konfirmation

Laßt uns aufsehen auf Jesus,
den Anfänger und Vollender des Glaubens!
Hebräer 12,2

Viele Feste und Geburtstage der Familie fielen in die Kriegs- und Nachkriegszeit. Weil die äußeren Bedingungen zum Feiern, wie z.B. ein köstlicher Festschmaus und herrliche Geschenke, ausfielen, bemühten wir uns um so mehr um die inhaltliche Gestaltung. Darum dichteten und musizierten wir, übten Sketche ein und stellten ein Spieleprogramm voller Überraschungen zusammen.

Doch bei meiner Konfirmation, die in die schlimme Notzeit fiel, war Mutter ratlos: »Ich möchte gerne meiner Ältesten die Freude machen, alle ihre Freundinnen und die ganze Verwandtschaft einzuladen. Doch was setze ich nur den Gästen vor?«

Es ist mir heute noch ein Rätsel, wie sie doch ein bescheidenes Festessen auftischen konnte. So wurde mit einem einfallsreichen Festprogramm mein Konfirmationstag zum Höhepunkt meiner Jugendzeit. Am schönsten war, daß unser Papa überraschend Urlaub bekam. An diesem Tag tauschte er die Majorsuniform mit dem Talar. Ich weiß es so genau, als wäre es heute: Ich trage ein schwarzes Kleid, das aus einem abgelegten meiner Großmama genäht worden war. Mutter umarmt und küßt mich und legt mir als Geschenk eine goldene Kette mit einem Medaillon, die sie selbst damals zur Konfirmation bekommen hatte, um. Auf dem Anhänger steht in verschnörkelten Buchstaben: Gott schütze dich. Dann legt sie ihre Hände auf meine Schultern und sagt: »Gott segne und beschütze dich dein Leben lang!«

Beim Kirchgang bewegen mich drei Fragen: Wie mache ich es nur, daß ich von meinem Papa und nicht von dem anderen Pfarrer eingesegnet werde? Welchen Konfirmationsspruch werde ich erhalten? Warum lasse ich mich eigentlich konfirmieren? Ich stelle fest, daß ich während der zwei Jahre kirchlichen Unterrichts nicht begriffen habe, welche Bedeutung die Konfirmation für mich persönlich hat. Während ich noch darüber nachdenke, wird mein Name aufgerufen. Mit Herzklopfen gehe ich zum Altar und stelle mich direkt vor meinen Papa. Er liest meinen Spruch: »Lasset uns aufsehen auf Jesus, den Anfänger und Vollender des Glaubens!« (Hebräer 12,2) In diesem Moment wird mir blitzartig klar, was ich darauf antworten will: »Ja, mein Herr Jesus, auf dich will ich aufsehen mein Leben lang!« Ich knie nieder und merke, daß nicht nur mein Papa mich segnet, sondern der himmlische Vater.

Wieder auf meinem Platz in der Kirchenbank, lese ich meinen Konfirmationsspruch auf der Urkunde und denke darüber nach. Froh stelle ich fest: »Der Anfang des Glaubens ist heute gemacht. Und für seine Vollendung sorgt der Herr.«

Von diesem Zeitpunkt an hatte ich mehr Verständnis für die biblischen Aussagen. Ich las öfters in der Bibel, die mir Tante Hilde Stempel zur Konfirmation geschenkt hatte. Die Verse, die mir besonders wichtig waren, unterstrich ich mit bunten Farben; die ich nicht verstand, bekamen an den Rand ein Fragezeichen. Mutter, der es nicht entging, sorgte dafür, daß trotz Hitlerregime regelmäßig in unserem Wohnzimmer für meine Freundinnen, meine Schwester Traudel und für mich ein Mädchenbibelkreis stattfand. Hier wurden Probleme erörtert, Glaubens- und Lebensfragen beantwortet, und manches Fragezeichen an meinem Bibelrand verwandelte sich in ein dickes Ausrufezeichen! Unser Kinderglaube wurde zunehmend biblisch fundiert und reifer.

20. Das Familiengespenst

Bei Gottes Liebe ist das Leid nie das Letzte.
Mutter Basilea

Mutter erzählt wieder:

»Nach jeder Entbindung, wenn ich überglücklich das Neugeborene betrachtete, wie es gesund und friedlich schlummernd im Körbchen lag, da beschlich mich die Angst vor dem Familiengespenst. Es heißt Neurodermitis (Hautkrankheit) und Asthma. Ich sah es schon hinter dem Babybettchen lauern und kämpfte mit Gottvertrauen und Zuversicht dagegen an. Doch bei den meisten von euch Kindern hat es zugeschlagen. Ihr wart mit Milchschorf oder wässernden Pickeln übersät, eure Haut rot, wund und entzündet. Ein schmerzlicher Anblick. Und ihr habt so darunter gelitten, daß es Papa und mir ins Herz schnitt. Nach einiger Zeit stellten sich Asthmaanfälle ein, die oft an Erstickungsgefahr heranreichten. Es ist nicht zu sagen, welche jahrelange Not und Sorgen diese Krankheit auslöste. Normale Kinderkrankheiten sind dagegen weniger gravierend. Wir haben euch von Arzt zu Arzt, in Kliniken und Kuraufenthalte gebracht, unzählige Nächte durchwacht, alle möglichen Bäder und Salben ausprobiert und gebetet und gebetet und gebetet. Rückblickend muß ich sagen: Wenn ihr ohne diese und andere Probleme gediehen wäret, dann hätte sich mein Mutterherz mit Stolz gefüllt. Ich hätte mir eingebildet: Alles mein Verdienst! Alles Lohn für meine Tüchtigkeit und gute Erziehung! Um meinen hohlen Mutterstolz zu kappen, ließ Gott manches Schwere in unserer Familie zu. Diese Nöte trieben mich ins Gebet, sonst wäre ich eine ganz oberflächliche, eingebildete Mutter geworden, mit wenig Verständnis für die Nöte anderer Mütter.

Gott hat unsere Gebete nicht schlagartig erhört, aber Stück für Stück, und er hat uns unter diesen Belastungen Kraft gegeben, sie eine Zeitlang aushalten zu können, ohne zu verzweifeln. Ich bin dankbar für diese Erfahrung und möchte sie nicht missen.«

21. Depressionen

Was betrübst du dich, meine Seele,
und bist so unruhig in mir?

Psalm 42,6

»Gerhart«, redet Mutter ihren Ältesten an. »Was hattest du doch für eine schwere Jugendzeit! Als unser Papa im Krieg war, hast du dich mehr und mehr für die Familie eingesetzt, manche Reparaturen übernommen und technische Erfindungen gebastelt. Um Haus, Garten und Stall gegen Diebe und Einbrecher zu schützen – in dieser Notzeit wurde viel gestohlen –, hast du eine Alarmanlage angebracht, damit wir uns sicherer fühlen konnten. Dann wurdest auch du noch eingezogen! Mit sechzehn Jahren warst du Flakhelfer, dann im Arbeitsdienst und mit achtzehn schon Pilot in einem Kampfflugzeug. Nicht auszusagen, was das für ein Schlag für mich war! Du hast mir sehr gefehlt mit deiner ruhigen, deinem Papa so ähnlichen Art. Ich konnte dein Fernsein kaum verkraften und habe Tag und Nacht an dich gedacht und gebetet, daß du nicht umkommst.

Die Lücke, die du hinterlassen hast, war mir so schmerzlich, daß ich mir ein siebtes Kind wünschte. Aber leider kam es zu einer Fehlgeburt. Von da an hatte ich schlimme Depressionen, fühlte mich schwach und siechte so vor mich hin. Bei den normalen Entbindungen, wenn ich ein lebendiges Kind zur Welt gebracht hatte, wuchsen meine Kräfte. Aber dieses tote Kind, wenn es auch erst zwei oder drei Monate in mir gelebt hatte, das nahm bei seinem Weggang meine ganze Lebensfreude mit. Es ließ mich kraftlos zurück, so sehr habe ich ihm nachgetrauert. Ich konnte dieses Kind nicht vergessen und den Verlust nicht verwinden. Ich war so verändert, daß ich mich selbst nicht mehr kannte, mir fremd war.

Dir, Hanne, ist das besonders aufgefallen, und du hast dir wohl über meinen Zustand Gedanken gemacht. Eines Tages batest du mich:

›Könnten wir meine Klassenkameradin Ruth für eine längere Zeit in unsere Familie aufnehmen? Ihre Mutter ist sehr krank und muß in ein Sanatorium gehen.‹

Gerne sagte ich zu und freute mich an dieser neuen, großen Tochter. Sie gab mir Kraft, unser turbulentes Familienleben wieder zu gestalten. Als Ruths Mutter nach vielen Monaten wieder gesund geworden war und ihre Tochter zu sich nahm, tauchte in mir schon wieder der Wunsch nach einem siebten Kind auf, obwohl wir eine notvolle Kriegszeit durchlebten. Ich hatte die Hoffnung, ich würde dadurch gesunden und mit neuer Freude erfüllt werden. Ich bin eben nicht ein intellektueller Typ, der Vernunftgründe herbeiholt, sondern gehorche gern einer inneren Stimme.«

Wir lachen und blinzeln unserem jüngsten Bruder zu: »Das war gut so, Mutter, sonst würde der Welt Prof. Dr. Haro Schreiner fehlen! Nicht auszudenken!«

22. Fliegeralarm

Denn eure Gedanken sind nicht meine Gedanken,
und eure Wege sind nicht meine Wege, spricht der Herr.
Wir wissen aber, daß denen, die Gott lieben,
alle Dinge zum Besten dienen.
Jesaja 55,8 und Römer 8,28

Mutter berichtet:

»Die Kriegsprobleme nahmen überhand: entsetzliche Tragödien an der Front, Not und Elend in der Heimat. Zahllose Flüchtlinge erlitten Unmenschliches auf der Flucht. Wir waren dankbar, noch ein Dach über dem Kopf zu haben, wenn auch alles knapp war und oft fehlte, wie z.B. Kohlen, Kleider, Unterwäsche, Seife, Waschpulver u.a.m. Wenigstens hatten wir immer noch Kartoffeln, wenn ihr auch behauptet habt, sie würden nicht sattmachen. Mit den Nutztieren im Stall hatten wir allerdings manche Probleme.

Am schlimmsten war der häufige Fliegeralarm mit Angriffsziel Ludwigshafen-Mannheim. Fast jede Nacht torkelten wir schlaftrunken in den Keller, der zu einem Luftschutzraum ausgebaut war. Tagsüber wurden die Luftangriffe bald so häufig, daß es mir und anderen Müttern zu gefährlich schien, euch Kinder ins Gymnasium nach Neustadt fahren zu lassen. So errichteten wir mit einigen Lehrerinnen in unserem Wohnzimmer eine kleine Zweigschule. Ertönte die Sirene, wurde der Unterricht im Luftschutzkeller fortgesetzt.

Euer Papa hat folgenden Brief aufgehoben, den ich ihm im November 43 geschrieben habe:

Mein lieber Mann,
heute nacht haben wir Schreckliches erlebt: Bomben auf Haßloch. Sie richteten großen Schaden in der Hindenburgstraße und der Taubengasse an. Vielleicht waren sie auf die Firma Heyd gezielt. Unsere Großmama lag im Bett mit Bronchitis und Fieber. Ich war gerade bei ihr oben und zog sie an, während die Kinder schon im Keller waren. Da – ein fürchterlicher Krach! Wir sind zu Tode erschrocken. Die Fensterscheiben flogen uns um die Ohren. Ein Wunder, daß sie uns nicht verletzt haben. Das Licht ging aus. Im Keller furchtbares Geschrei der Kinder. Mama hing an mir, und ich – das kann ich mit großer Dankbarkeit sagen – war vollkommen ruhig. Mein einziger Gedanke: Wenn nur die Treppe noch zu begehen ist! Wir rutschten auf den Scherben im Dunkeln die Stufen hinab. Unten im Keller kommandierte ich wie ein Feldwebel, bis sich alle endlich beruhigt hatten. Dann bettete ich die fiebernde Großmama auf eine der Matratzen; Traudel kümmerte sich um die Kleinen, während Hanne schnell oben nachsah, ob etwas zu löschen sei. Nach der Entwarnung erkannten wir im Mondschein den Schaden: das Dach abgedeckt, Balken und fast alle Türen zerrissen, alle Fenster kaputt, das große Treppenhausfenster in Scherben, im Dachgeschoß die Decke heruntergebrochen, alle Verdunkelungen zerstört, Verputz abgebröckelt und vieles mehr. Mein lieber Mann,

mache Dir trotz allem keine Sorgen! Es ist vorbei, und es erfüllt mich nur eins: übergroße Dankbarkeit, daß wir verschont wurden. So mußt auch Du denken. Ach, wenn nur Gerhart jetzt da wäre, um alles zu reparieren! Gerade höre ich mit Trauer, daß es Tote gab. Einige Häuser seien ganz verschwunden. Auch manche Nachbarhäuser haben keine Dächer mehr. Wie gesagt, mein Lieber, wir können nur Gott danken, der uns behütet hat. Er bewahre auch Dich und Gerhart an der Front!

In inniger Liebe   Deine L.

23. Erster Schrei bei Sirenengeheul

Jedes Kind bedeutet Leben
in dieser todbringenden Zeit.

Mein lieber Mann,
hab innigen Dank für Deine lieben Worte zur Ankunft unseres Jüngsten! Ja, Hans Robert ist ein prächtiges Bübchen von 8 Pfund, 55 cm lang, mit Kopfumfang von 37 cm, der mir sehr zu schaffen gemacht hatte. Aber das ist vorbei. Jetzt empfinde ich nur übergroße Dankbarkeit, die ich Dir gar nicht beschreiben kann. Es war mir ein tiefes Erlebnis, daß sich mein Glaube an die Hilfe Gottes als verläßlich bewährt hat. Freilich war es eine bittere Prozedur, meine schwerste Entbindung außer Gerharts, denn ich hatte ja 8 Tage lang sich hinschleppende Wehen. Daß unser Bübchen im Pfarrhaus hier geboren wurde, lag daran, daß unser früherer Hausarzt Dr. O. Zöller gerade in Heimaturlaub kam. Mein altes Vertrauen zu ihm erwachte, und ich entschloß mich, daheim zu entbinden. Es war ihm eine große Freude, nach Jahren des Lazarettdienstes endlich wieder ein Kind zur Welt bringen zu helfen.

Die Entbindung ging unerträglich langsam vor sich und zog sich in die Nacht hinein. Um 22 Uhr meldeten die Sirenen Voralarm. Hanne zog die Kleinen an, während Großmama bei mir blieb. Die Nachbarn brachten schon einiges in unseren Luftschutzraum und hörten mich stöhnen. Aber das war mir egal. Um 23.15 Uhr heulten alle Sirenen Vollalarm. Da kam unser Kind zur Welt! Sein erster Schrei vermischte sich mit dem Sirenengeheul. Die Flak schoß. Am Himmel standen die »Christbäume« – Leuchtzeichen, die das Angriffsziel angaben. In der Ferne Detonationen, dazwischen das erste Weinen des Neugeborenen. Tod und hoffnungsvolles Leben so nahe beieinander!

Unser liebes Kriegskind! Ich wünsche ihm, daß es in besonderer Art ein Friedenskind werde! Nach der Entwarnung kamen strahlend unsere Kinder aus dem Luftschutzkeller hoch ins Schlafzimmer, streichelten und küßten ihr neues Brüderchen und reichten es von Arm zu Arm. Ich denke, es hat diesen herzlichen Empfang gespürt, hatte die zähe Geburt es doch genau wie mich in viele Ängste gebracht. Es fühlte sich in unserer Mitte geborgen und getröstet.

Hannel bewährt sich als zweite Mutter. Ich hatte ihr ja, sogar noch vor Dir, mein Lieber, am Anfang der Schwangerschaft anvertraut, daß ich das Kind erwarte. Sie war ganz aus dem Häuschen vor Freude. Von da an hat sie zusammen mit Großmama mich völlig entlastet. Jetzt ist sie meine Wochenbettpflegerin, schläft bei mir und versorgt das Baby. Sie übernimmt ihre Aufgabe mit großer Hingabe. So reift sie daran und lernt für später, wenn sie einmal selber Kinder haben wird.

Das Stillen klappt gut; ich fühle mich wohl und kräftig, habe guten Appetit, bin voller Glücksgefühl und Dankbarkeit.

Mein lieber Mann, nun wollen wir auch weiter Gott vertrauen. Ich habe in der letzten Zeit so sehr seine Durchhilfe verspürt. Täglich lese ich die Losungen und denke darüber nach. Merkwürdig, welche Kraft gerade am schweren Tag der Entbindung davon auf mich überging. Sie hieß: Herr, ich leide Not! Lindere sie mir! (Jesaja 38,14) Dazu der Gebetsvers: Ja, Herr, du willst's; ich traue fest, daß du mich nicht in Angst verläßt. Du heißt und bist ja Je-

sus! An dich soll sich mein Glaube halten, laß meine Liebe
nie erkalten, ich sei gesund, ich bleibe krank! So kann kein
Schmerz den Geist ermüden, so bin ich immerdar zufrieden, so ist mein Herz stets voller Dank.

Davon habe ich an jenem schmerzvollen Tag gezehrt.

Auch Dir, lieber Heiner, gilt mein Dank für alle Fürsorge und Liebe aus der Ferne. Wann wirst Du Deinen neugeborenen Sohn zum ersten Mal an Dein Herz drücken? Heimaturlaub ist in dieser angespannten Lage wohl nicht
drin? Ich sehne mich nach Dir!

In inniger Liebe   Deine Luis.

24. Leid fördert den Glauben

Leiden werden uns zu Flügeln,
die uns hineintragen in das Reich seiner Herrlichkeit,
darin die wohnen werden,
die gekommen sind aus großer Trübsal.

Mutter Basilea

Weil Mutter ein Mensch ist, der Offenheit schätzt, fragen
wir sie unverblümt: »Sag' mal, Mutter, hast du dich irgendwann einmal bekehrt?«

»Nein!« antwortet sie ungeniert, »ich kann euch keinen
bestimmten Tag, noch Anlaß noch Zeuge angeben, wo ich
mich bekehrt hätte oder wiedergeboren wäre, wie es etwa
bei eurem Papa war. Außerdem heißt es in einem Lied:
›Gott weiß viel tausend Weisen, zu retten aus dem Tod.‹
Bei mir war es so, daß Leid und Belastungen, Sorgen und
Kummer mich nicht verbittern konnten, sondern mich
immer näher zu Jesus Christus hingeführt haben. Nicht die
angenehmen Zeiten haben meinen Glauben gefördert,
sondern die schweren Wegstrecken, da, wo ich am Ende
meiner Kraft war und kein Mensch mehr helfen konnte.
Nicht der Überfluß und das Glück haben mich zum Geber
aller Gaben hingedrängt; deswegen hat er Verzweiflung

und Ratlosigkeit, seelische Verletzungen und schwere Krankheiten in meinem Leben zugelassen. Bei meiner Oberflächlichkeit und meinem starken Eigenwillen hat er eine strenge Erziehung für notwendig befunden. Rückblickend bin ich dankbar dafür. Sie ist mir ein Zeichen seiner väterlichen Liebe.

Ein Beispiel: Es war kurz vor Kriegsende im März 1945. Wir mußten Tage und Nächte im Luftschutzraum verbringen. Da erkrankte ich an einer doppelseitigen Lungenentzündung und großer Herzschwäche. Damals gab es kein Penicillin oder andere helfende Medikamente. Der Arzt war am Ende seiner Kunst und gab mich auf. So lag ich sterbensmatt im Keller, um mich die ratlosen Kinder und meine bedrückte Mutter. Euer Papa kam in höchster Angst in einem Auto vom Rhein hergerast, wo seine Truppe sich auf dem Rückzug befand. Ich klammerte mich in Todesängsten an ihn: »Verlaß mich nicht! Ich will nicht allein sterben!« Dem armen Mann ist bald das Herz gebrochen. Er hat Qualen ausgestanden. Sollte er fahnenflüchtig werden und die Gefahr des Erschossenwerdens auf sich nehmen? Oder sollte er seine sterbenskranke Frau und seine verängstigten Kinder im Stich lassen? Der Zusammenbruch würde schon in wenigen Tagen sein, denn die feindliche Armee stand schon in der Nordpfalz. Schließlich erkannte ich seine große Not und ließ ihn in der Nacht fahren. Was für ein schwerer Abschied! Ihr könnt euch nicht vorstellen, in welcher Verfassung er seinen Posten als Bataillonskommandeur wieder eingenommen hatte.

Ich aber legte mich nun ganz in Gottes Hand und wußte, nichts kann mich da wieder herausreißen. Ich machte mich zum Sterben bereit und war gewiß, daß alles, was ich erkannt und bereut hatte, restlos vergeben ist, und daß ich so zu meinem Herrn kommen darf, wie ich bin. Er wird mich in seine Arme schließen. Alle Ängste waren überwunden, obwohl draußen die Jagdbomber unser Dorf angriffen. Wir wußten uns auch im Frieden geborgen, als die feindlichen Panzer anrollten. Es müssen Engel bei uns im Luftschutzkeller gewesen sein, denn niemand hatte Angst. Mitten im Chaos erlebten wir ein Stückchen Himmel.«

25. Forsythien blühen zwischen Trümmern

*Du findest kein Buch, wo du der göttlichen Weisheit
mehr inne würdest, als wenn du auf eine grünende und
blühende Wiese gehst: Da wirst du die wunderbare
Kraft Gottes sehen, riechen, schmecken und fühlen.*

Jakob Böhme

Als die Siegermächte unsere Heimat eingenommen hatten, wankten Unzählige grau vor Erschöpfung, hungernd, hoffnungslos aus Luftschutzräumen und Bunkern mit der Frage: Leben wir wirklich noch?

Immer, wenn im Frühjahr die Forsythien blühen, denke ich daran: Ich komme aus dem Kellerdasein ins Freie und blinzle geblendet in den Himmel. Keine Bombengeschwader? Kein Sirenengeheul? Es schießt keine Flak? Kein Maschinengewehrgeknatter? Meine Augen blicken gebannt auf den Forsythienstrauch. Über und über hat er sich mit goldgelben Glöckchen behängt – ein sprühend leuchtendes Signal mitten in der tristen Landschaft.

»Was fällt dir ein! Wie kannst du nur so fröhlich blühen! Wir haben doch den Krieg verloren, und wir wissen nicht, ob unser Papa und unser Bruder noch leben!« – »Frieden!« läuten die Goldglöckchen. – »Sicher! Aber wir haben kaum etwas zu essen und kein Brennmaterial zum Heizen!« – »Frühling nach dem bittern Winter!« winken mir die Zweige zu. »Haben wir überhaupt noch eine Zukunft?« – »Aber ja!« haucht der Frühlingsduft.

Ich atme tief ein und wage mich vorsichtig auf die Straße. Fremde, schwarze Soldaten patrouillieren. Sie beachten mich Fünfzehnjährige nicht. So gehe ich die Bahnhofstraße hinauf und staune: Sie hat sich geschmückt! In allen Vorgärten blühen die Goldforsythien in solcher Pracht, wie ich es nie zuvor wahrgenommen hatte. Sie blühen vor den beschädigten Häusern, sie blühen zwischen den Trümmern, sie blühen vor Fenstern, die wegen Glasmangels mit Brettern vernagelt sind. Dazwischen summen die Bienen: »Neues Leben! Neues Leben!« Ja, wir sind nicht umgekommen – wir leben!

Ich renne über die Äcker hinter dem Friedhof, breite meine Arme aus und drehe mich wie ein Kreisel und laufe mit neuer Spannkraft wieder heim.

»Mutter!« atemlos schaue ich in ihr blasses, von der Krankheit gezeichnetes Gesicht, »wir leben!«

»Ja! Dem Tod entronnen!« Ihre Augen sind hohläugig und sorgenvoll.

Im Garten jagen meine Geschwister wie ausgelassene Füllen umher. Schnell packe ich mir meine beiden Brüderchen rechts und links unter die Arme und lasse sie wirbelnd Karussell fahren.

Als die Kirchenglocken läuten, gehen alle Haßlocher in die Dankgottesdienste. Keiner bleibt daheim. Die Christuskirche ist überfüllt. Kopf an Kopf stehen die Leute in allen Gängen und auf den Emporentreppen und singen:

> »Herr Gott, dich loben wir,
> die wir in langen Jahren
> der Waffen schweres Joch
> und bösen Grimm erfahren.
> Jetzt rühmet unser Mund
> mit herzlicher Begier:
> Gott Lob, wir sind in Ruh,
> Herr Gott, wir danken dir!
>
> Herr Gott, dich loben wir,
> daß du uns zwar gestrafet,
> jedoch in deinem Zorn
> nicht gar hast weggeraffet;
> es hat die Vaterhand
> uns deine Gnadentür
> jetzt wieder aufgetan:
> Herr Gott, wir danken dir!«

Vielen Gemeindegliedern rollen dabei die Tränen über die Wangen.

Auf dem Heimweg fragen wir unsere Mutter: »Warum haben wir den Krieg verloren?«

»Das ist Gottes Gericht über uns, weil wir nicht Gott allein geehrt haben, sondern den Führer; weil wir unzählige Juden und unschuldige Menschen umgebracht und weil wir die Gebote Gottes nicht gehalten haben. Wenn ein Volk nicht mehr Gott gehorcht, dann muß er es mit Katastrophen und Zusammenbruch richten.«

Wir gehen an den blühenden Forsythien vorbei, und ich denke: ›Solange Frühlingssträucher blühen, ist noch nicht das Ende da. Gott hat unserem Land noch einmal die Chance gegeben, neues Leben aufzubauen. Ich will von jetzt an mithelfen, so gut ich kann, solches neugeschenkte Leben nur unter Gottes Führung zu gestalten, damit er uns nicht mehr richten muß.‹

26. Nachkriegszeit

Bleibt uns nur das Ewige jeden Tag gegenwärtig,
so leiden wir nicht an der Vergänglichkeit der Zeit.
Johann Wolfgang von Goethe

»Die Nachkriegsjahre waren eigentlich noch bitterer als die Kriegszeit«, erzählt Mutter. »Ich habe am meisten unter der Ungewißheit gelitten, ob Papa und Gerhart noch leben, wie und wo sie den Zusammenbruch verkraften, ob sie in der Gefangenschaft hungern.

Im nachhinein kommt es mir vor, als hätte ich ununterbrochen meine Gebetsbitten vor Gottes Thron gebracht, während wir gleichzeitig um das Überleben rangen. Wir rackerten uns auf den Feldern ab, mühten uns im Stall, nahmen Ausgewiesene und Flüchtlinge auf, gaben Soldaten, die der Gefangenschaft zu entgehen versuchten, in unserer Großfamilie Unterschlupf – und waren ständig getrieben von dem Bangen um unsere beiden Lieben.

Zeitweise durften wir die Haustüre Tag und Nacht nicht verschließen. So machten wir im Wohnzimmer ein großes Matratzenlager, schliefen alle beieinander, um uns gegenseitig zu schützen, und flehten allabendlich um Gottes Bewahrung. Man hörte nämlich Schlimmes, was die Besatzungsmacht im Dorf alles anrichtete.

Endlich nach Monaten fanden wir ein vergriffenes Zettelchen unter der Haustür nur mit Papas Heimatadresse beschriftet, jedoch ohne sonstige Nachricht. Wir rätselten hin und her. Heißt das: Er lebt? Oder bedeutet es: Er ist tot? Wer war der Überbringer? Ist es nicht Gerharts Schrift? Weil die Ungewißheit nicht mehr länger zu verkraften war, entschloß ich mich, diese verschlüsselte Nachricht positiv auszulegen: Papa lebt und Gerhart hat seine Adresse geschrieben und sie jemandem als Lebenszeichen mitgegeben. Nun war das Warten und Bangen besser auszuhalten!

Es war im Hochsommer in der Erntezeit. Wir schwitzten auf dem Acker. Da rief uns ein Radfahrer zu: »Schnell nach Hause! Euer Gerhart kommt heim!«

Ja, da stand er mit großen, ernsten Augen und bis auf die Knochen abgemagert. Er sprach kaum ein Wörtchen, außer daß er Papa im Gefangenenlager Bad Aibling unter 20 000 Gefangenen getroffen habe. Welch gute Nachricht! Wir versuchten ihn in unsere Wiedersehensfreude hineinzuziehen; aber er lächelte nicht einmal. Was muß der 19-jährige alles erlebt haben!

Als er wieder zu Kräften gekommen war, half er bei der Feldarbeit mit, reparierte am Haus, aber er schwieg und wirkte wie abwesend. Schreckliche Erlebnisse müssen ihn so verletzt haben, daß es ihm die Sprache verschlagen hatte.«

Als Mutter darüber nachsinnt, kommen mir Erinnerungen: Wir hacken auf einem unserer Äcker. Auch ein nicht registrierter junger Mann ist bei uns, der Soldat war und bei uns untergetaucht ist. Auf einmal pfeift Gerhart leise ein Liedchen vor sich hin. Mutter und ich nicken uns glücklich zu: Jetzt ist er bei uns angekommen! Von da an begannen nach und nach seine seelischen Verwundungen zu heilen.

Leise führe ich mit dem Untergetauchten ein Gespräch:

»Sag mal, wie war es an der Front?«

»Schrecklich, Mädchen!«

»Und was war das Schwerste?«

»Die sterbenden Kameraden!«

»Was war mit ihnen?«

»Sie haben geschrien: ›Mama! Hilf mir! Bet' mit mir!‹«

»Hat jemand mit den Sterbenden gebetet, etwa das Vaterunser?«

»Nein! Keiner konnte es! Nur einem ist noch ein Kindergebet eingefallen: ›Ich bin klein, mein Herz mach rein!‹«

Langsam begreife ich, was mein Bruder verarbeitet. Erst später stellte ich fest: Gott heilt Wunden.

»Viele Monate warteten wir voller Sehnsucht auf die Heimkehr eures Papas«, erzählt nun Mutter weiter. »Endlich die frohe Nachricht: Bald! Wir schmückten das Haus mit Blumen und Girlanden und übten voller Vorfreude auf Cello, Geige, Flöten und Klavier eine Empfangsmusik ein. Endlich war es so weit: In Sonntagskleidern und mit Blumensträußen standen wir erwartungsvoll auf dem Bahnsteig. Da stieg er aus – ach, seine Kinder kannten ihn nicht mehr: ein zerbrochener, völlig abgemagerter Mann. Scheu sahen die Kleinen ihn an. Aber ich dachte zuversichtlich: ›Wir werden ihn schon herausfüttern!‹ Zuerst führten wir ihn im Triumphzug durch Haus, Stall und Garten und erzählten von dem, was wir am Kriegsende erlebt hatten, dann saßen wir alle am runden Tisch zum Festessen beieinander.

Ich war voller Dank und versuchte eine kleine Dankrede zu halten: ›Wir wollen es nie vergessen, daß bei unzähligen deutschen Familien die Soldaten nicht mehr heimgekehrt sind. Viele andere sind vermißt, und ihre Familien wissen nicht, ob sie noch leben. Deshalb wollen wir in unserer Familie ewig Gott dankbar sein und in Liebe und Einigkeit zueinanderstehen, ganz gleich, was kommen wird!‹

Die Kirchengemeindeglieder nahmen ihren heimgekehrten Pfarrer freudig auf und schätzten seine väterliche Art und seine Bereitschaft, stets Zeit für ihre Anliegen zu haben. Man spürte ihm die bitteren Erfahrungen an der Front und in der langen, schweren Gefangenschaft ab. Sie hatten ihn geprägt. Aber er sprach selten davon. Stückweise erzählte er mir später: ›Tausende, hungernde Gefangene auf einem viel zu engen Gelände zusammengepfercht, Tag und Nacht streng bewacht. Die wenigsten hatten ein Dach über dem Kopf, sondern buddelten sich zum Schutz gegen Wind und Kälte Erdlöcher. Wer eine Zeltplane darüber hatte, konnte froh sein. Zum Essen gab es täglich eine Wassersuppe und ein Streifchen Brot, so lang und so dick wie mein Finger. Es erinnerte mich an unser Stückchen Abendmahlsbrot. Viele verschlangen es im Heißhunger. Ich legte es als Gabe Gottes in meine hohle Hand, betete darüber, er möge es segnen und aß es lange kauend.

Viele Gefangene wurden durchfallkrank. Jeden Morgen wurden Tote hinausgetragen. Einige verkrallten sich in ihrer Verzweiflung im Zaun und wurden von den Wachposten erschossen. Manche Männer gaben Gott ein Gelübde, sie würden das und jenes tun, wenn er sie heimkehren ließe.‹

Bald stellte sich heraus, daß unser Papa durch die Gefangenschaft gesundheitlich so geschädigt war, daß er seinen Beruf nicht mehr ausüben konnte. Viele Monate lang wurde er in einem Sanatorium behandelt, bis er endlich einigermaßen geheilt wieder heim durfte.« –

Wir inzwischen längst erwachsenen Kinder stellen jetzt fest, daß wir in den entscheidenden Kindheits- und Jugendjahren ohne Vater aufgewachsen waren. Heute wundere ich mich am meisten darüber, daß wir dadurch nicht seelische Schäden davongetragen haben. Wir erlebten in der vaterlosen Zeit, daß es zwar oft am Nötigsten fehlte, wir aber den Mangel gar nicht so gravierend empfanden. Obwohl diese Jahre voller Kriegsängste waren, erlebten wir trotz allem Geborgenheit. Wenn auch unser Pfarrhaus bis unters Dach voller Menschen war, fühlten wir Kinder uns von allen angenommen und akzeptiert. Sicher, es wurden Opfer, fleißige Mitarbeit und Verzicht von uns gefordert, aber wir kamen uns trotzdem reich vor. Der Generationenkonflikt, der heute oft so dramatisch und aggressiv erlitten wird, war damals zwar auch vorhanden, jedoch viel weniger stark. Wir wußten: Wir brauchen einander zum Überleben, jung wie alt. Es ist mir bis heute ein Rätsel, worin der Grund liegt, daß unsere Kindheit und Jugendzeit in unserer Erinnerung sonnig, heiter und glücklich war. Eigenartig – gerade im Krieg und der Nachkriegszeit haben wir ein Stück Kinderparadies erlebt. Wie ist das nur möglich? Diese äußerlich dunklen, aber innerlich hellen Jugendjahre haben sogar einen Glanz in unser Erwachsenenleben mit seiner Trauer, seinem Schmerz und seinen Enttäuschungen geworfen.

27. Mutters Wurzeln

*Wo dein Schatz ist,
da ist auch dein Herz.*
Jesus Christus in Matthäus 6,21

Ein Gespräch mit Mutter: »Du weißt ja, Kind, daß ich mich in dieser zugelegten Zeit aufs Sterben einstellen will. Dabei überdenke ich meine Vergangenheit vor Gott und bereite mich auf die Ewigkeit bei ihm vor. Doch leider muß ich feststellen, daß ich noch tief im Irdischen verwurzelt bin, so daß mir der Aufschwung zu Gott fehlt. Wenn er mich ruft, bin ich ganz mit dem Irdischen verwachsen, und mein Geist hängt hier noch fest. Meine tiefste Wurzel ist die . . .«

»Mutter- und Omawurzel«, unterbreche ich sie.

»Wie kommst du darauf?«

»Das ist nicht schwer zu erraten, nachdem du uns so manches aus deinem Mutterleben erzählt hast!«

»Doch eine Wurzel hat Gott schon herausgezogen: die Ehewurzel. Während der letzten Krankheitszeit deines Papas ist der Abschied von ihm unaufhaltsam auf mich zugekommen. Der Hausarzt sagte nach jedem Besuch: ›Ihr Mann ist schwer herzkrank. Sie müssen mit allem rechnen!‹ Zuerst habe ich den Gedanken an sein Sterben eine Zeitlang verdrängt. Ich wollte dieser gefürchteten Tatsache nicht ins Auge sehen. Ich hatte Angst. Meine Ehewurzel zitterte und bangte: ›Wie wird das Leben ohne meinen

Mann sein?‹ In den Witwenjahren danach ist diese Wurzel dann schmerzhaft herausgezogen worden.«

»Du bist auch noch in der Frauenarbeit verwurzelt!« erinnere ich sie.

»Ja, auch da werde ich mich jetzt endlich lösen müssen, denn ich will mich rechtzeitig im Himmel einwurzeln lassen! Der himmlische Gärtner hat uns ja mit einem eigenen Willen geschaffen, und so respektiert er meine Bemühungen des Loslösens.«

»Mutter, was bin ich so erleichtert, daß dein Herz nicht am Geld hängt oder an diesem Häuschen oder gar an den Möbeln!«

»Aber leider noch an meinem Garten, an den Stauden und am Frühbeet! Obwohl ich weiß, daß meine eigentliche Heimat der Himmel ist, hänge ich mit allen Fasern meines Herzens am Vergänglichen fest. Ach, ich habe nicht einmal Heimweh nach der ewigen Herrlichkeit, sondern bin trotz meines Alters immer noch hier bei euch angewachsen! Wie komme ich nur los von allem Vergänglichen?« klagt meine Mutter.

»Überlasse getrost diese Arbeit deinem göttlichen Gärtner! Er hat höchstes Interesse, dich in seinem Paradies einzupflanzen als einen guten Baum oder eine schöne, edle Blume, woran er ewig Freude hat!«

28. Die Oma-Mutter

Was kann uns so Heimat sein wie ein reiches Menschenherz, in das wir unsere Wurzeln senken durften?
Helene Christaller

Unsere Mutter hat 27 Enkel. Sie hat alle von Herzen lieb, macht keine Unterschiede, ob sie z.B. adoptiert und dunkelhäutig sind oder blutsverwandt. Mit Liebe führt sie einen Enkelgeburtstagskalender, überlegt sich Geschenke, verpackt sie, auch wenn es ihr schwer fällt, und bringt sie zur Post; denn sie lehnt unpersönliche Geldscheine als Geburtstagsgeschenke ab. Und die Enkel schätzen diese Liebesmühe, die sie sich macht.

Mutter ist keine typische Oma, welche ihre Enkel verwöhnt, Mützchen strickt und Märchen erzählt. Dafür war Papa der gemütlichste Opa, den es weit und breit gab. Er war es, der im Sessel saß, zwei Enkelkinder auf den Knien, eines auf der Armlehne, mit seinem Fuß wippte und die herrlichsten Geschichten erzählte, während Mutter in Haus und Garten oder Dorf umherwirbelte.

Die älteren Enkel wurden stets von ihr angestellt, etwas Vernünftiges zu tun. Da sie den Überblick hatte und sofort sah, wo es fehlte, hatte sie immer den Kopf voller Arbeitsanweisungen. So nahm sie, wenn sie bei einem ihrer Kinder weilte, meistens sofort die Regie in die Hand. Für etwa eine Woche lang ist das für die junge Familie eine prompte Abwechslung; doch während einer längeren Zeit gab es oft Probleme. Meistens gipfelten sie in einer Machtprobe oder einem Enkelstreik, der aber schnell wieder vergessen war und der gegenseitigen Liebe keinen Abbruch tat.

Als Mutter allein lebte, älter und schwächer wurde, machten wir uns große Sorgen, wie es weitergehen solle. Wer nimmt sie zu sich? Oder wer zieht zu ihr ins Häuschen? Da sie durch die Frauenarbeit so sehr in Haßloch verwurzelt war, ist uns klargeworden: Dieser liebe, alte Baum ist nicht mehr zu verpflanzen, es würde sonst seine Lebensdauer abkürzen.

Also zog die kleinste Kinderfamilie, meine verwitwete Schwester Ursel mit ihren beiden Kindern Christian und Bärbel, zu ihr ins enge Haus mit gemeinsamer Küche und gemeinsamem Wohnzimmer. Nun klagt Mutter bei mir:

»Christian kommt abends viel zu spät nach Hause!«

»Aber Mutter«, antworte ich, »er ist achtzehn und erwachsen! Außerdem bist du nicht seine Mutter! Dich geht das gar nichts an!«

»Denk' dir, Bärbel geht morgens ohne Frühstück aus dem Haus!«

»Aber Mutter, das ist allein Ursels Verantwortung!«

»Schrecklich, welche Fernsehfilme sich die Jungen ansehen!«

»Aber Mutter, das ist doch nicht deine Angelegenheit!«

»Na, hör' mal, ich werde doch noch ein Wörtchen in meinem eigenen Haus hier mitreden dürfen!«

»Mitreden, wenn du gefragt wirst, ja, aber nicht hineinreden!«

»Diese Aufregungen!«

»Macht nichts, Mutter! Ein gewisses Maß von Aufregungen hält dich fit. Und genau das wollen wir alle!«

In ihrem Alter ist das für Mutter ein harter Lernprozeß! Sie, die fast ihr Leben lang die Tonangebende war, lernt jetzt, sich zurückzuhalten, die äußere Verantwortung abzugeben und den Freiraum der jungen Familie nicht zu beschneiden. Um diese Lektion zu meistern, benutzt sie zwei Krücken: Die eine ist die Liebe zur jungen Familie, die sie keinesfalls durch ihre Kritik vertreiben will; die andere ist das tägliche Gebet.

»Damit ich im inneren Gleichgewicht bleibe, nehme ich mir jeden Morgen nach dem Frühstück genügend Zeit für eine ausführliche Morgenandacht. Zuerst lese ich ein fortlaufendes Stückchen aus der Bibel und denke darüber nach; oft schlage ich auch noch ein Andachtsbuch auf. Dann fange ich an zu beten: zuerst für mich und mein Verhältnis zu meinem Herrn Jesus Christus. Dazu benötige ich eine halbe Stunde, weil so manches in Ordnung zu bringen ist. Dann bete ich für meine sieben Kinder und ihre Ehepartner und für meine 27 Enkel und für die Urenkel. Weil es so viele Personen sind, brauche ich wieder eine halbe Stunde oder etwas länger, wenn ich noch für unsere Pfarrer, für die Kirchengemeinde, für bestimmte Frauen, Freunde und Missionare bete. Jetzt im Alter habe ich mehr Zeit dafür als früher.«

Um nicht nur allgemein, sondern gezielt fürbitten zu können, erkundigt sie sich mit liebevollem Interesse bei den Enkeln: Wie geht es in der Schule? Bei den Vorbereitungen für Prüfungen, im Beruf? Wie gestaltest du die Freundschaft? Probleme? Enttäuschungen? . . .

Es ist nicht einfach für unsere von Natur aus tatkräftige Mutter, ihre Wurzeln der direkten Verantwortung aus dem weiten Lebensgebiet, das Gott ihr anvertraut hatte, herauszuziehen und nur noch eine indirekte Verantwortung durch die Fürbitte wahrzunehmen.

Wie gut für uns, daß wir uns auf die Gebetstreue unserer Mutter verlassen können! Wir vermuten, daß sie sich auf diese Weise am wirksamsten für uns einsetzt.

Nach Mutters Heimgang schrieb ihre Enkelin Bärbel:

Sie war ein Spiegel mancher Eigenschaften Gottes!

»Bärbel, hast du dir schon ein Kärtchen für den heutigen Tag gezogen?« Diese Worte meiner Großmutter habe ich immer noch im Ohr. Es war spannend für mich, aus der alten, zerkratzten Dose wieder ein neues Spruchkärtchen zu ziehen. Als ich noch nicht lesen konnte, half Großmutter mir, indem sie mich auf ihren Schoß nahm und mir Geschichten von Jesus und dem Vater im Himmel erzählte. Dabei führte sie mich in die reale Welt vor 2000 Jahren und weiter zurück: Ich konnte mich mit Josef über den neuen, bunten Rock freuen und mit Maria weinen, als ihr Sohn gekreuzigt wurde. Meine Großmutter stellte mir die biblischen Personen so wahrhaftig dar, als würden sie heute mit mir leben. In ihrer Nähe fühlte ich mich geliebt und geborgen.

Genauso spannend empfand ich es, wenn Großmutter rief: »Bärbel, komm mal schnell in den Garten! Ich zeig dir was! Schau diesen Blütenkelch der Freilandgloxinie an! Welche feine Maserung der Farben! Und die Heuchera-Purpurglöckchen, wie sie im Wind sich bewegen und den Mai einläuten! Riechst du den Duft vom Einjährigen Allysum?«

Jede Pflanze in Großmutters Garten war für sie und mich ein Schöpfungswunder. Gemeinsam staunten wir über den Ideenreichtum des Schöpfers.

Solche Erlebnisse bei meiner Großmutter waren Samen, die sie schon früh in mein Leben gesät hat.

Doch später, als ich ins Teenageralter kam, nahmen die

Besuche bei Großmutter immer mehr ab. Meine zahlreichen Hobbys rückten in den Vordergrund, für Gottesdienste blieb keine Zeit, ein neuer Freundeskreis entstand, als ich ins Gymnasium kam. Glaube war für mich kein Thema mehr. Ich paßte mich den Freunden an und sagte laut: »Die Kirche ist doch nur für alte Leute!« Ich wollte keinesfalls altmodisch sein. Die alte Dose mit den Bibelversen zählte zur Vergangenheit.

Trotzdem sprach Großmutter bei gelegentlichen Besuchen weiterhin vom Vaterherzen Gottes. Seltsam, in ihrer Nähe fiel es mir auch gar nicht schwer, über den Glauben zu sprechen. Doch wenn ich wieder daheim in meinem Lebensumfeld war, hatte Gott mir nichts mehr zu sagen. Ich lebte, wie ich wollte.

So mußte meine Großmutter jahrelang mitansehen, wie ich mich immer weiter von Gott entfernte und alles andere mir wichtiger war als er.

Sie aber blieb stets die gleiche, nahm voller Wärme Anteil an meinen Schwierigkeiten, legte ihren Arm um meine Schulter und ermutigte mich. Ich gab der Altersspanne zwischen ihr und mir den Grund unserer glaubensmäßigen Verschiedenheit: Wahrscheinlich ist ein solches Glaubensleben, wie Großmutter es führt, erst im Alter möglich.

Ein familiärer Einschnitt brachte es mit sich, daß meine Mutter, mein Bruder Christian und ich zu Großmutter in ihr Häuschen zogen, als ihre Kräfte abnahmen. Ich war damals 15 Jahre alt. Da ich keinen irdischen Vater mehr hatte, war ich auf der Suche nach dem himmlischen und da ich meine Heimatstadt verlassen mußte, suchte ich eine neue. In dieser Situation wurde mir Großmutters faltenreiches Gesicht wie eine vertraute Heimatlandschaft. Da fühlte ich mich zu Hause. Sie war die einzige Person, die immer Zeit für mich hatte. Sie deckte mir liebevoll den Kaffeetisch und blieb solange bei mir sitzen, wie ich es nötig hatte. Täglich bot sie mir ihr rotes Losungskästchen an und wußte stets eine kurze Erklärung zu dem Bibelvers, den ich gezogen hatte. Durch ihr Vorbild lernte ich Gott als Vater kennen, der nicht weit entfernt lebt, sondern mir in jeder Situation zur Seite steht.

Hin und wieder fragte ich sie: »Sag mal, Großmutter, fühlst du dich den Tag über, wenn wir aus dem Haus sind, nicht einsam und verlassen?«

»Nein«, antwortete sie stets, »Jesus ist bei mir. Ich kann jederzeit mit ihm sprechen.«

In dieser Zeit wurde mir eins sehr deutlich klar: Wer Jesus in sein Leben eingeladen hat, der hat immer einen Partner. Doch es gibt einen Trennungsfaktor: die Sünde.

Ich fühlte, daß es meine Großmutter und sogar Gott schmerzt, wenn ich gelogen hatte oder ungehorsam war. Den Weg der Verzeihung schloß sie nie aus, sondern erklärte mir Stück für Stück, wie ein Leben aus der Vergebung möglich ist. Niemals hob sie meine Fehler hervor, sondern sah vielmehr in mir eine neue Vollkommenheit wachsen.

So fühlte ich mich ermutigt und nie als Versagerin. In meiner Kindheit hatte ich Jesus Christus nur vom Hörensagen gekannt. Aber jetzt versuchte ich, ihm mein Alltagsleben mehr und mehr zu öffnen.

Einmal gab es eine harte Auseinandersetzung zwischen Großmutter und mir. Wütend schlug ich die Küchentür zu, polterte die Holztreppe hinauf und vergrub mich in meinem Zimmer. Es stand bei mir fest: Keinesfalls gebe ich nach!

Doch am Abend hörte ich die schwerfälligen Tritte meiner Großmutter. Sie schob ein Briefchen unter meiner Zimmertüre durch, darauf stand: Liebe Bärbel, verzeih mir! In Liebe, Deine Großmutter.

Ich war betroffen: Sie war nicht zu stolz, den ersten Schritt zu tun!

Mit 17 Jahren entschied ich unter Zeugen, bewußt mein Leben zu ändern und den Weg des Glaubens an Jesus Christus einzuschlagen. Ich bekannte meine Schuld und überließ Gott die Führung meines Lebens.

Heute, nach Jahren weiß ich, daß ich diese Wende meiner Großmutter zu danken habe. Durch ihre unkomplizierte Art, ihren Glauben zu praktizieren, war sie mir ein Vorbild. Der Same war aufgegangen, den sie in steter Treue in mein Herz gesät hat.

Besonders hat mich immer beeindruckt, daß sie ihre Hauptaufgabe in der Fürbitte sah. Täglich brachte sie die Namen und Erlebnisse ihrer Enkel und ihrer Kinder und Schwiegerkinder vor Gottes Thron. So gehörte sie für mich zu den wenigen, welche die junge Generation prägten.

Auch ist sie mir ein Vorbild darin, wie sie in ihrem Wesen stets den Menschen zugewandt war. Nie war es ihr gleichgültig, wer ihr begegnete. Sie sah ihnen ins Gesicht, manchmal auch tiefer, und war immer offen für ein Gespräch – also nicht nur für mich ein Spiegelbild mancher Eigenschaften Gottes.

29. Geistliche Berufung: Frauenarbeit

Wer aber im Leben stets fröhliche Bereitschaft zum Wirken zeigt, der hilft Gott, sein Reich auf Erden wohnlich zu machen.

Abraham a Santa Clara

Als wir Kinder noch zu Hause waren, waren natürlich das Pfarrhaus und der Garten ein Treffpunkt für unseren großen Freundeskreis und zugleich ein Zentrum der Gemeindejugendarbeit. Unsere Mutter wurde von den Jugendlichen als Hausmutter, Dirigentin und Beraterin anerkannt und geschätzt.

Doch als wir aus Ausbildungs- und Berufsgründen unser Elternhaus verließen, auch keine Dauergäste mehr bei uns wohnten, schrumpfte die Großfamilie zusammen zu einer normalen Kleinfamilie. Kräfte wurden frei, und unsere Mutter fragte Gott, welchen Platz er ihr im Gemeindeaufbau anweise. Vermehrt kamen jetzt Frauen aus der Gemeinde zu ihr und schütteten ihr Herz bei ihr aus. Dabei entdeckte sie, daß Gott ihr die geistlichen Gaben der Seelsorge und auch der praktischen Organisation gegeben habe. Diese durften nicht brachliegen. So sammelte sie jüngere und ältere Frauen in Bibelgesprächsgruppen und organisierte jährlich zwei Frauenfreizeiten.

Mutter berichtet: »Um die Glaubensfragen der Frauen gut beantworten zu können, begann ich ein privates Bibelstudium. Ich fühlte mich herausgefordert, die biblischen Zusammenhänge zu erforschen, sorgfältig auszuarbeiten und so weiterzugeben, daß meine Antwort kein frommes Gerede ist, sondern den Frauen in ihrer Situation eine Hilfe wird.

Dabei ist mir klargeworden, ich solle keine Erwachsenenbildung durchführen – das können Vereine und Volkshochschule besser als ich -, auch nicht den Frauen Geschichten vorlesen – schließlich können sie alle selber lesen -, auch keine Handarbeitsstunden ansetzen – das machen unsre Frauen sowieso -, sondern ich solle ihnen Bibelgespräche anbieten. Das allein ist das drängendste Problem! Wer wäre sonst bereit, Glaubens- und Lebensfragen auf Vertrauensbasis mit den Frauen zu besprechen? Da wir Frauen unter uns sind, entsteht eine Offenheit, die sonst selten ist.

In unseren Rundgesprächen nehmen wir immer wieder die Bibel als Grundlage und erfahren, daß ihre Wahrheit unsere Lebenshaltung verändern kann. Besondere Höhepunkte sind unsere Frauenfreizeiten. Da erleben wir Wunder über Wunder: Wie verhärtete Unversöhnlichkeit sich löst und Vergebungsbereitschaft wächst; wie Sündenerkenntnis uns die Augen über uns selber öffnet, wie durch Zuspruch von Gottes Verzeihung innere Wunden heilen und sogar körperliche Krankheiten verschwinden – ja, wir erleben Befreiung und Freude über Freude, Feste und frohes Feiern, Gemeinschaft und schwesterliche Freundschaft! Der Himmel weiß, welche ewige Frucht aus den Frauenfreizeiten gewachsen ist.«

Frau Anna Müller aus Grünstadt berichtet: »Als Flüchtling aus Danzig kam ich über Norddeutschland in die Pfalz. Ich fühlte mich hier fremd, hatte Schwierigkeiten mit dem pfälzischen Dialekt und bekam oft Heimweh. Da las ich im Kirchenboten, daß eine Frauenfreizeit unter der Leitung von Frau Luise Schreiner stattfindet. Zaghaft meldete ich mich an. Tatsächlich, diese Freizeit hat mein Leben verwandelt: Ich bekam neuen Lebensmut und Anschluß an Frauen meines Alters; ich konnte alle meine Traurigkeiten aussprechen und loswerden; ja, ich wagte sogar, die Erlebnisse der Flucht im vertrauten Kreis zu erzählen, und fühlte mich von den Pfälzer Frauen angenommen. Frau Schreiner wurde meine Freundin. Eines Tages sagte sie zu mir – ich fiel aus allen Wolken: ›Annchen, bitte sei auf der nächsten Frauenfreizeit meine Mitarbeiterin! Du hast die Gabe dafür, und du kannst mich mit deiner Art ergänzen!‹ So wurden wir ein gut aufeinander abgestimmtes Leitungsteam für Frauenfreizeiten, und ich erfuhr eine neue Lebenserfüllung. Ich bekam dadurch Anregungen und Mut, auch einen Frauenkreis hier in Grünstadt zu gründen und ihn für viele Jahre zu leiten. Luise Schreiner war meine Lehrmeisterin. Sie ließ mich in ihr inneres Ringen hineinblicken, in der Frauenarbeit ja keine ›hohlklingende Schelle‹ zu sein, die den Frauen Frommes vorläutet. Nein, sie wollte ›Ton in Gottes Hand‹ sein und ›ein Werkzeug seiner Liebe‹. Die Frauen hingen an ihr und vertrauten sich ihr in seelsorgerlichen Aussprachen an. Besonders auf den Freizeiten ließen sie alte Belastungen hinter sich zurück und begannen einen neuen Lebensabschnitt.

Eines Tages sagte Luise zu mir: ›Annchen, mir ist vor Gott klargeworden, daß ich die Leitung in den Frauenfreizeiten und in den Frauenstunden abgeben und in jüngere Hände legen soll. Es fällt mir schwer, denn ich habe mein Herz hineingehängt. Aber meine Schwerhörigkeit und das Nachlassen meiner Kräfte haben zugenommen. Ich werde noch in einer Übergangszeit Anregungen geben und ein wenig mithelfen, besonders Geburtstags- und Weihnachtsschmuck basteln. Aber nach und nach werde ich meine Herzenswurzel aus der Frauenarbeit herausziehen.‹

Wir Frauen haben sie sehr geliebt und hatten großes Vertrauen zu ihr als unserer mütterlichen Freundin.«

30. Frieden mit Menschen der Vergangenheit

Habe gegen Gott das Herz eines Kindes,
gegen deine Nächsten das Herz einer Mutter
und gegen dich selbst das Herz eines Richters.
unbekannter Verfasser

»Weißt du, Kind, beim Altwerden sind zwei Dinge notwendig: Erstens: Frieden mit den Ereignissen der Vergangenheit – deshalb denke ich jetzt soviel zurück, bewege die vergangenen Erlebnisse, bringe sie vor Gott und ordne sie, so gut ich kann. Zweitens: Frieden mit den Menschen der Vergangenheit. – Ich sinne jetzt über so manche Begegnungen nach und möchte sie nachträglich ändern. Oft schäme ich mich, wie ich mich damals verhalten habe. Manchmal sind es nur kleine Begebenheiten, wo ich zu kritisch und unachtsam war. Am liebsten würde ich sie unter meinen Bewußtseinsspiegel drücken, nicht mehr dran denken. Aber dann stecken sie doch ganz unten in meinem Lebensgepäck, und ich schleppe sie bis zur Himmelstür. Wenn ich dann auspacken muß, werde ich vor Scham in Grund und Boden versinken. Noch mehr belasten mich länger anhaltende Auseinandersetzungen mit gewissen Menschen der Vergangenheit. Manche sind schon gestorben, andere sind mir aus dem Gesichtsfeld gekommen, und ich weiß nicht, wo ich sie erreichen könnte. Aber da gibt es einige, deren Adresse ich weiß und die ich noch einmal, ehe es zu spät ist, sehen und fragen sollte, ob sie mir verziehen haben, sonst komme ich nicht zur Ruhe.«

Ich versuche, mich in Mutters Gedankengänge zu versetzen: »Mit den Menschen, die du nicht mehr erreichen kannst, kann dich sicher Gott verbinden, weil er allein weiß, wo sie sind. Aber wie macht man das?«

Wir denken gemeinsam darüber nach und kommen zu folgendem Schluß: Man kann beten: »Vater im Himmel, du weißt, wo dieser Mensch hier auf der Erde oder schon in der Ewigkeit sich befindet, mit welchem ich die Auseinandersetzungen hatte. Es tut mir aufrichtig leid, daß ich so lieblos und egozentrisch war. Überbringe du ihm jetzt meine Reue und meine Bitte um Vergebung! Und weil ich mein Vergehen nicht mehr gutmachen kann, tue du ihm jetzt irgendwie wohl. Danke, mein Vater!«

Mutter äußert ihre Zweifel, ob ein so einfaches Gebet wirklich genug sei. Wir stellen dann beruhigt fest, daß Jesus Christus auch für dieses ungute Verhältnis geblutet hat. Er nimmt es jetzt aus dem Sündengepäck heraus und belastet damit seinen gekreuzigten Leib. Es ist somit nicht mehr meine Belastung, sondern die seine geworden. Wie befreiend, daß er das für uns tut! Wir atmen auf.

Doch einige Menschen aus Mutters Vergangenheit leben noch, und sie kennt ihre Adresse. Was tun?

»Mutter, versuche doch, telefonisch Kontakt aufzunehmen. Wenn nötig, fahre ich dich gerne hin, mache dort in der Nähe eine Besorgung und hole dich wieder ab!« schlage ich vor. »Hauptsache, du hast Frieden mit den Menschen deiner Vergangenheit!«

Mutter behält sich ihre Entscheidung vor: »Ich will darüber nachdenken und komme vielleicht darauf zurück!«

31. Wunden müssen Wunden heilen

> *Durch seine Wunden sind wir geheilt.*
> Jesaja 53,5

Mutter bleibt beim Thema Schuld und Vergebung.

»Eine Angelegenheit hat mich tief verwundet. So wie ich es verstehe, sehe ich in diesem Fall auf meiner Seite keine Schuld, doch ich fühle mich bis heute innerlich verletzt. Immer wieder muß ich daran denken und schlafe dann schlecht.«

Welche Bereicherung, denke ich, daß Mutter, je älter sie wird, sich um so mitteilsamer gibt!

»Mutter, was hast du den Frauen in einer solchen Situation in eurem Bibelgesprächskreis oder in den Freizeiten gesagt?« frage ich.

»Das weiß ich genau: Sie sollen denen verzeihen, die sie enttäuscht und verletzt haben, weil wir nämlich selber Gottes Vergebung brauchen. Jesus sagt: ›Denn wenn ihr den Menschen ihre Verfehlungen vergebt, dann wird euer himmlischer Vater auch euch vergeben. Wenn ihr aber den Menschen nicht vergebt, dann wird euch euer himmlischer Vater eure Verfehlungen auch nicht vergeben (Matthäus 16,14-15). Und so wird uns unser Vater auch nicht unsere seelischen Wunden heilen, bis wir denen vergeben haben, die uns verletzten.‹ Das ist mir alles längst klar, Kind, aber es fehlt mir die Kraft, danach zu handeln. Auch bin ich noch voller Groll gegen diesen einen Menschen, der mich so sehr gekränkt hat.«

Im Gespräch miteinander stellen wir gemeinsam fest: Bitterkeit, Groll, Neid und Hochmut zu empfinden, liegt in unserer menschlichen Natur. Diese negativen Gefühle vergiften aber unser Wesen und schaden uns selber am meisten. Sie rauben uns nicht nur den inneren Frieden. Die Disharmonie mit einem bestimmten Menschen wirkt leider auch in unsere anderen Lebensgebiete und Beziehungen hinein. Eine Reihe von Menschen, die im Grunde nichts mit dieser einen verfahrenen Sache zu tun haben, empfinden uns mit der Zeit als schwierig, kalt und selbstgerecht und halten mehr und mehr Abstand von uns. Natürlich möchten wir gerne wieder in eine innere Harmonie kommen und dem von Herzen verzeihen, der uns gekränkt und verletzt hat. Doch woher die Kraft nehmen? Hier liegt das Problem, stellen wir fest.

Mutter meint dazu: »Vielleicht sollte ich viel mehr bedenken, wie sehr unser himmlischer Vater uns alle und auch mich lieb hat! Wie hat er mich in schweren Zeiten getröstet und uns väterlich versorgt! Aber der stärkste Beweis seiner Liebe ist, daß er seinen einzigen Sohn für uns am Kreuz hat verbluten lassen. Wenn ich seine Liebe mehr auf mich einwirken ließe, so wie die kalte Gartenerde draußen jetzt die lebenweckende Frühlingssonne auf-

nimmt, dann würde sich mein Herz erwärmen, und Vergebungsbereitschaft könnte keimen.‹

Wie dankbar kann ich sein, daß Gott mir alles, alles,
was ich bereue, restlos vergibt, als hätte es nie zwischen
ihm und mir gestanden. Stell dir vor, wenn ich, peinlich
berührt, zu ihm sage: ›Herr, jetzt ist mir ja schon wieder
dieselbe Sünde unterlaufen, worum ich dich erst gestern
um Vergebung gebeten habe! Das tut mir leid!‹, dann sagt
seine leise Stimme zu mir: ›Du kommst zum ersten Mal
mit dieser Sünde zu mir! Die gestrige kenne ich nicht! Ich
habe sie dir verziehen und aus meinem Gedächtnis ge-
löscht, so wie ich jetzt auch diese von dir bereute Sünde
völlig vergesse, meine Tochter! Sie ist weder im Himmel
noch in der Hölle mehr zu finden!‹ Weißt du, Hanne, diese
Vaterliebe berührt mich im Innersten.«

Ich schaue meine Mutter an: Liegt Gottes vergebende
Liebe nicht wie ein Glanz auf ihr? Ich nicke ihr zu: »Nun
kannst du von der Fülle, die Gott dir geschenkt hat, eine
kleine Spende abgeben an die Menschen, die dich verletzt
haben. Es bleibt dir immer noch genug von Gottes über-
fließender Gnade.«

32. Stille Zeit

Nur an einer stillen Stelle
legt Gott seinen Anker an.
Gerhard Tersteegen

»Mutter, ich wundere mich, wie du morgens so lange
Stille Zeit halten kannst! Wie machst du das?«

Mutters Gesicht ist hell und froh: »Oh, sie verfliegt
im Nu. Der erste Teil soll mir zugute kommen, der
zweite euch und allen, an die mich Gottes Geist erinnert!«

»Erkläre es mir näher!« bitte ich.

Nun holt Mutter weiter aus: »Also, zuerst lese ich einen

kurzen Abschnitt in der Bibel und gehe dann fünf Schritte um ihn herum.

Der erste Schritt heißt: Sich selbst erkennen. Ich bete: »Heilger Geist, erleuchte mich!« Dann scheint er in die dunklen Ecken meines Wesens. Ach du liebe Zeit, was da alles steckt: Neid, Geltungssucht, Hochmut, Minderwertigkeitskomplexe, Kritiksucht, sogar Rachsucht, Ärger und Wut. Ich muß mich schämen.

Deshalb heißt der zweite Schritt: Bekennen; nicht mehr andere beschuldigen, sich nicht mehr verteidigen, nicht mehr die Verletzte sein wollen, sondern aufrichtig die Sünde Sünde nennen.

Der dritte Schritt ist frohmachend. Er heißt: Danken. Ich danke Gott für seine Vergebung. Dann gehört sie mir. Ich fühle mich befreit und habe neuen Lebensmut. Seine Liebe hüllt mich ein. Deshalb kann ich auch den vierten Schritt gehen. Er heißt: Vergeben; denen vergeben, die mich verletzt und enttäuscht haben, sie segnen und ihnen Gutes wünschen. Beim fünften Schritt vollziehe ich eine erneute Hingabe. Sie ist der Ausdruck meines restlosen Vertrauens zu Gott, meinem Vater, und zu Jesus Christus. Ich fühle mich angenommen, so wie ich bin. Das gibt mir Sicherheit und Geborgenheit.«

»Das hört sich so einfach an, Mutter«, wende ich ein.

»In Wirklichkeit ist es jedoch ein Kampf. Da ist nämlich einer, der will unter allen Umständen verhindern, daß ich diese fünf einfachen Schritte gehe. Er ist ja so raffiniert: Er lenkt meine Gedanken ab, verschafft mir Unruhe, hält mir mein Arbeitspensum vor, macht mich unlustig und müde, und zu allem flößt er mir noch anklagende, negative Gedanken ein. Deshalb sage ich manchmal laut: ›Schaff dich ab, du Lügner! Ich gehöre Jesus Christus. Du hast hier nichts zu suchen!‹«

»Und im zweiten Teil deiner Stillen Zeit betest du für uns alle?« bohre ich weiter.

»Nicht nur für euch! Ich bitte für unsere Missionare, für die Schwestern, für Verzögerung von Gottes Gericht über diese Erde, daß noch viele Menschen umkehren, und vieles mehr.«

»Das ist ein gutes Rezept zum Weitergeben, Mutter!«
sage ich anerkennend.

»Ja, ich habe es unzählige Male ausprobiert. Es funktio-
niert!«

33. Altwerden will gelernt sein – ein Briefwechsel

> *Vor jedem steht ein Bild*
> *des, was er werden soll.*
> *solange er's nicht ist,*
> *ist nicht sein Friede voll.*
> Angelus Silesius

Liebe Luis,
in Deinem letzten Brief, für den ich Dir herzlich danke,
fragst Du mich, wie ich, die ich einige Jahre älter als Du
bin, das Altwerden gelernt habe.

Daß Du z.Zt. innerlich beschäftigt bist, Frieden mit der
Vergangenheit zu machen, ist sicher eine wichtige Vorbe-
dingung für ein harmonisches Alter. Dazu gehört auch
Klarheit über die Wurzeln, die Du in Deinem irdisch-ver-
gänglichen Verflochtensein lockern mußt, damit sie Dich
nicht festhalten, wenn Du zum Aufschwung in die himmlische Welt kommen sollst. Da Du an diesem Punkt an Dir
arbeitest, bist Du auf der rechten Spur.

Daß nun Deine und meine Kräfte durch die Verände-
rungen im alternden Körper nachlassen, ist ganz natürlich.
Um so mehr können uns jetzt die inneren Flügel wachsen,
mit denen wir uns in der Sekunde des Todes zu Gott auf-
schwingen. Mir macht es jetzt sehr zu schaffen, daß ich
durch die Grenzen, die das Altern mir steckt, einsamer,
isolierter und schwieriger geworden bin. Ich wagte nicht
mehr, mit meinem Auto zu fahren und habe es an die Kinder abgegeben. Trotzdem habe ich Hemmungen, sie zu bitten, mich zu chauffieren. Weil sie leider nicht selbst auf
diesen Gedanken kommen, kämpfe ich gegen Verbitte-

rung an. Ja, die Gefahr ist groß, sich innerlich zu verhärten, negative Kritik gegen andere zu nähren und dadurch den warmherzigen Kontakt zu verlieren und auf diese Weise zu vereinsamen. Ein Teufelskreis! Daß ich schwerhörig bin, macht mich zusätzlich auch noch mißtrauisch, was mir früher fremd war. Manchmal falle ich aber auch auf der anderen Seite vom Pferd und bin völlig gleichgültig und apathisch, sitze in der Ecke und starre vor mich hin – schon vor meinem Tod innerlich am Absterben. Ein schrecklicher Zustand!

Doch als schlimmste Gefahr habe ich erkannt, wenn alternde Leute im Haß fixiert sind auf bestimmte Menschen, von denen sie verletzt wurden. Wer sich nicht beizeiten im Vergeben geübt hat, schafft es im Alter um so schwerer. Gott decke uns beiden immer dieses gedankliche und manchmal auch laute Schimpfen als Sünde auf, damit wir sie ablegen können.

Liebe Luis, ich schreibe Dir ganz offen, daß ich einen Kampf führe gegen mein egozentrisches Wesen, das sich immer nur um sich selber dreht und gleichzeitig gegen jene geheime Giftpfeile abschießt, die meine Ansprüche nicht erfüllen. Nein, ein solcher Mensch will ich keinesfalls bleiben. Auf die Dauer würden mich meine Kinder ablehnen, und ich würde mehr und mehr verbittern.

Liebe Luis, ich habe eine große Bitte an Dich: Könnten wir beide, wo wir nun älter geworden sind, wieder unsere alte Freundschaft aufleben lassen und uns gegenseitig vertrauensvoll gestehen, was uns belastet? Weißt Du, wenn ich meine seelischen Spannungen und Gefühle nicht ausspreche, dann schlagen sie auf meinen Körper und machen mich krank. Das ist mir vor kurzem so passiert: Es kam mir zu Gehör, daß zwei, drei Bekannte hinter meinem Rücken Häßliches über mich geredet haben. Ich konnte es leider innerlich nicht verkraften und habe dadurch Magenschleimhautentzündung bekommen. Zudem habe ich mir noch eingebildet, ich sei herzkrank. So bestand ich bei meiner Ärztin darauf, daß sie mir ein EKG mache. Dann erst konnte sie mich überzeugen, daß mein Herz, dem Alter entsprechend, erstaunlich gesund sei. Stell Dir vor: eine eingebildete Krankheit! Was habe ich mich geschämt! Deshalb denke ich mir, daß es für mich und wohl auch für Dich wichtig ist, daß wir uns immer wieder aussprechen, damit unsere Belastungen uns nicht niederdrücken und krank machen.

Du schreibst mir so offen, daß Du Dir jeden Tag eine Stunde und auch mal länger Zeit nimmst, um Deine Seele nach Gott auszustrecken und Dein Herz ihm auszuschütten. Ich muß Dir gestehen, auch ich versuche es, bin aber so unkonzentriert und zerfahren, kann meine Gedanken nicht zusammennehmen und lasse mich durch tausend Dinge ablenken. Wie machst Du das, liebe Luis? Bitte schreibe mir wieder! Herzlichst   Deine Erika.

Liebe Erika,
danke für Dein Vertrauen! Es hat mir gutgetan. Ich will aufrichtig zugeben, daß ich in meiner Stillen Zeit die gleichen Kämpfe wie Du habe. Je älter ich werde, um so schwerer ist es für mich, mich innerlich zu sammeln. Ich habe da zwei Hilfsmittel ausprobiert: Ich schließe meine Zimmertür und bete laut. Dabei höre ich, wenn meine Gedanken abirren wollen. Die andere Hilfe ist, daß ich mir nach und nach einige Gebets- und Andachtsbücher gekauft habe, die ich ebenfalls mit Gewinn laut lese; oder ich nehme mir Gesangbuchlieder vor, die ich durchbete und mit meiner wackeligen Stimme singe. Jetzt bin ich so alt geworden, da brauche ich mich nicht mehr zu genieren, falls man mich durch die Türe hört. Nachdem ich in meinem langen Leben so viel Zeit für andere verbracht habe, brauche ich nun diese Stille Zeit für die Audienz bei meinem Herrn.

Z.Zt. ist mein Gebetsinhalt vor allem, daß ich die Verantwortung für so vieles an meinen himmlischen Vater abgeben lerne. Da habe ich viel zu tun, um alle Sorgen um meine sieben Kinder und meine lieben Schwiegerkinder und meine 27 Enkel abzuladen. In einer so großen Familie gibt es immer wieder Probleme. Früher habe ich sie meist selbst in die Hand genommen, aber jetzt übe ich mich im Abgeben an den, der besser sorgen kann.

Liebe Erika, ich will Dir noch etwas mitteilen, worüber Du schmunzeln wirst. Denke Dir, ich bin in einer Seniorengymnastikgruppe und lerne wieder turnen. Ja, ich trainiere täglich Körper und Geist: den Körper, indem ich jeden Morgen für 10 Minuten Gymnastik mache und immer noch Fahrrad fahre; den Geist, indem ich mehr lese, Vorträge auf Kassetten höre und weniger fernsehe.

Durch das körperliche Training bleiben meine Gelenke beweglich, und durch das geistige Training verkalke ich hoffentlich nicht so schnell. Wer rastet, der rostet! Außerdem gebe ich mir Mühe, mich gesund zu ernähren und habe mich völlig auf Vollwertkost umgestellt. Ich habe den Eindruck, mein Innenleben ist harmonischer und meine Gebetszeiten sind gesammelter, wenn ich mich körperlich meinem Alter entsprechend wohlfühle.

Ich rufe Dich nächstens an, um zu hören, wie es Dir geht. Wir sollten, nachdem wir ein Leben lang fleißig waren und für die Familie gespart haben, jetzt im Alter nicht um Telefongebühren geizen.

In alter Freundschaft   Deine Luis.

Liebe Luis,
ich muß zugeben, Dein Körper- und Geisttraining imponiert mir. Trainierst Du auch Deine Seele? Denn der Mensch besteht ja aus Leib, Seele und Geist. Über das von Dir nicht erwähnte Seelentraining habe ich nachgedacht. Ich habe nämlich festgestellt, daß meine Seele in Gefahr ist, hauptsächlich um sich selber zu kreisen und jetzt im Alter eine starke Eigenliebe zu entwickeln.

Mir ist da etwas passiert, Luis, was ich nachträglich sehr bedaure. Vor kurzem haben mich meine zwei Enkelsöhne besucht, und ich habe den ganzen Nachmittag nur von mir und meinen engen Gedankengängen gesprochen, die sie wahrscheinlich längst kennen. Denk Dir, ich habe nicht einmal den älteren Enkel gefragt: »Bub, wie geht es dir zur Zeit? Bist du immer noch arbeitslos? Wie verkraftest du diesen Zustand?« Warum unterblieb nur diese Frage? Vielleicht habe ich ihm unbewußt unterstellt, er sei auf mein Geld aus, was wirklich unter seiner Würde wäre; denn bisher hat er nie das Thema Geld erwähnt.

Meinen jüngeren Enkelsohn, einen leidenschaftlichen Motorradfahrer, habe ich ebenfalls nicht gefragt, welche Marke er z.Zt. fährt und ob er mit seinem neuen Computer zufrieden ist. Vielleicht habe ich es deshalb unterlassen, weil ich nichts von diesen Dingen, die ihm so wichtig sind, halte.

Ich schäme mich über mein egozentrisches Wesen. Kein Wunder, wenn meine Enkel denken, ich hätte kein persönliches Interesse an ihrem Ergehen und an dem, woran ihr Herz hängt und sie beschäftigt. Sicher habe ich sie durch meine geringschätzige Haltung verletzt. Dabei hatte ich mir schon vor Jahren fest vorgenommen, im Alter mit Weisheit, Güte und Intensität auf meine Nächsten zuzugehen und mich nicht ewig um mich selbst zu drehen! Kein Wunder, wenn meine Besucherzahl ständig abnimmt!

Also, liebe Luis, Du bist jetzt meine Zeugin: Ich will erneut meine Seele trainieren, Reife, Milde und Einfühlungsvermögen gegen meine Nächsten auszustrahlen. Ein Winterapfel, der lange genug lagert, enthält Süße und Aroma und ist deshalb begehrt. So will ich im Alter Güte und warmherziges Interesse entwickeln. Wenn ich auch äußerlich wenig bewegungsfähig und an mein Apartment gebunden bin, will ich doch meine Seele beweglich erhalten und anderen freundlich entgegenschicken. Dann werden die Jungen wieder kommen und mich sogar um Rat fragen, habe ich doch in den vielen Jahrzehnten eine Menge Lebenserfahrung angesammelt! Wie steht es mit Dir und Deinen 27 Enkeln? Wie schaffst Du das allein mit den vielen Geburtstagen?

Von Herzen grüßt Dich Deine alte Freundin   Erika.

Liebe Erika,
danke für Deinen Brief, der mir sehr wertvoll ist. Natürlich habe ich einen Enkelgeburtstagskalender, damit ich kei-

nen übersehe. Entweder schicke ich ein Päckchen oder ich rufe an oder schreibe einen Brief. Jedenfalls mache ich mich bemerkbar, daß sie spüren, ich habe sie nicht vergessen. Du erzählst mir in Deinem letzten Brief von Deinem Enkelbesuch. Du hast recht, liebe Erika, Enkelsöhne erzählen wohl nicht ungefragt über sich selbst. Das habe ich nämlich auch so erlebt; deshalb frage ich meine Töchter und Schwiegertöchter mit herzlichem Interesse und liebevoller »Wißbegier« nach dem Ergehen ihrer Kinder. Die Mütter sind meistens erzählbereit und schätzen meine Anteilnahme richtig ein.

So frage ich z.B., welche Klassenarbeiten und Prüfungen bei meinen Enkeln bevorstehen, und bete dafür um Gelingen. Danach interessiert mich natürlich auch der Erfolg meiner Gebete. Oder ich frage vorsichtig, wie es mit der Freundschaft z.Zt. aussieht und bete, daß Gott meinen Enkeln den rechten Ehepartner oder die von Ihm ausgesuchte Frau zuführt. Manchmal will ich auch wissen, wie die Studentenbude aussieht, welches Hobby meine Enkel ausüben, und bitte sie, wenn möglich, mir etwas davon zu zeigen oder vorzuführen. Sehr interessiert bin ich an Fotos, Dias, Filmen und Musikkassetten. Natürlich habe ich mir Projektor und Rekorder angeschafft, damit sich meine Besucher mitteilen können. Ich bin ja so dankbar, wenn ich Anteil nehmen darf und meine Fürbitte nicht belanglos allgemein, sondern gezielt vor Gottes Thron bringen kann. Das schätzen meine Lieben, sogar meine Freundinnen und Freunde.

Ein Problem allerdings ist mir die Rockmusik, in welcher z.Zt. meine Teenagerenkel stecken. Ich habe gelesen, daß bei Rockkonzerten und in manchen Diskotheken die moralischen Barrieren niedergerissen werden: Aufjaulende Saitentöne elektronisch verstärkter Gitarren und hektisches Stakkato von Schlagzeugen lassen die Nerven vibrieren und schalten jegliches Denken aus. Ich werde jetzt verstärkt dafür beten, daß die faszinierende Macht der Rockmusik gebrochen wird und die jungen Leute davon frei werden.

Ich lasse mir auch mal ein Buch mitbringen, das meine Enkel beschäftigt, z.Zt. lese ich etwas über New Age und mache mir Gedanken darüber, wage aber auch, meine Meinung darüber zu sagen. Denk mal, die Jungen hören besser zu, als ich es kann! Tatsächlich, das Zuhörenkönnen will ich bei ihnen lernen. Da sind sie mir weit überlegen.

Du schreibst am Schluß Deines Briefes von Deinem Wunsch, daß Jüngere kommen, um Deinen Rat bitten und Deine Erfahrungen schätzen. Das ist auch mein Herzenswunsch, liebe Erika. Ich denke da an eine biblische Begegnung: Die junge Maria wandert in ihrem Betroffensein übers Gebirge zu ihrer alten Freundin Elisabeth, um sich bei ihr auszusprechen und Rat zu holen. Schon unterwegs denkt Maria über die Ereignisse nach, die sie mit ihrer älteren Verwandten austauschen will. Als die beiden Frauen sich dann begegnen, findet Elisabeth das richtige Wort, vom Heiligen Geist eingegeben, das Maria wieder aufrichtet und mit Freude erfüllt. Die Gespräche, welche die beiden werdenden Mütter wohl miteinander geführt haben, müssen aufbauend und richtungsweisend gewesen sein. Ob Gott uns beide alte Mütter auch so wie diese Elisabeth gebrauchen kann?

Ich danke Dir für Dein freundschaftliches Vertrauen. Es tut mir gut. Deine Luis

Liebe Luis,
ich habe schon wieder etwas Neues entdeckt, das ich Dir mitteilen will. Wie gut, daß wir im Alter noch ungeahnte Erkenntnisse gewinnen! Es ist allerdings eine betrübliche Entdeckung. Trotzdem bin ich dankbar dafür. Ich habe nämlich herausgefunden, daß ich jetzt im Alter verwundbarer geworden bin und arbeite nun an mir, damit umzugehen. Du weißt ja: Auch ein zu Ende gehendes Leben wächst und reift.

Es war eigentlich nur eine kleine, spitze Bemerkung, die jemand mir vor die Füße warf, gar nicht so tiefgreifend gemeint, und schon fühlte ich mich verletzt. Bei einem anderen Mal war es nur eine Gedankenlosigkeit meiner Lieben, und schon war ich gekränkt; gestern nur eine unangebrachte Kritik, und schon war ich deprimiert!

Früher, besonders in meinem Beruf, haben mich solche Spitzen wenig oder gar nicht getroffen. Ich war eine großzügige Frau – meine ich jedenfalls, hatte ein gesundes Selbstvertrauen, wußte, daß ich beruflich etwas kann, und wunderte mich über die Maßen, wenn sich erwachsene Menschen ungezogen oder taktlos mir gegenüber benahmen. Ja, es war mir eher peinlich für sie, daß sie sich so blamierten, als hätten sie keine Umgangsformen gelernt und seien nicht ihrem Alter entsprechend gereift.

Aber jetzt, wo ich alt geworden bin, treffen mich diese Stiche und verletzen mich. Ich habe darüber nachgedacht, woran es liegen könnte, daß ich nun so empfindlich geworden bin. Durch Erfahrungen und Menschenkenntnis müßte ich doch längst darüber stehen! Fehlt mir z.Zt. ein gesunder Selbstschutz? Hat meine Tragfähigkeit im gleichen Verhältnis wie die körperliche Kraft abgenommen? Schlägt sich die äußere Schwäche auch auf meinen inneren Menschen nieder? Bin ich seelisch wie körperlich müde und nicht mehr belastbar geworden?

Ach, meine Seele weint, wenn ich auch äußerlich keine Tränen vergieße. Ich seufze und spreche vor mich hin: »Ich kann und will nicht noch mehr ertragen! Es ist mir alles zu viel! Wenn ich schon verkraften muß, daß ich von den Jungen kaum mehr um Rat gefragt werde, und ich dazu noch unter den körperlichen Ausfallerscheinungen leiden muß, will ich wenigstens von meinen Mitmenschen wertgeschätzt und nicht angegriffen werden!« Um mich vor neuen Angriffen zu schützen, ziehe ich mich in meine Kummerhöhle zurück.

Liebe Luis, als ich an diesem wehmütigen Zustand angelangt war, habe ich in meinem Seelenschmerz nach oben geschaut und in Gedanken die Himmelstüre gesehen: Sie ist ja nicht ein Portal und eine Ehrenpforte, sondern eine kleine, enge Kindertür! Da komme ich ja nur hindurch, wenn ich mich bücke und so klein wie ein Kind werde!

Ich schaffe es einfach nicht, aus freien Stücken klein, demütig und arm zu werden. Darum läßt mein Herr es zu, daß seelische und körperliche Gegebenheiten mich niederdrükken. Siehst du, ich bin als Kind ohne eigenes Zutun auf diese Welt gekommen, und nur als Kind darf ich in die Himmelswelt eingehen. Also kann ich dankbar sein für alles, was mich zu Gottes kleinem Kind macht: Hilflosigkeit, Angewiesensein auf Handreichungen und Zuwendung anderer. Ich muß lernen, meinen Selbstschutz abzulegen und auch den Stolz, gering, abhängig und verwundbar zu sein, also kein Kraftmeier, auch nicht mehr angeben zu wollen mit eigener Tüchtigkeit, nicht mehr großartig und hoch sein zu wollen.

Liebe Luis, dieser Gedankengang ist sicher vielen fremd; aber Du verstehst mich. Du würdest mich vielleicht noch ergänzen mit dem Jesuswort aus Matthäus 18, wo er sagte: »Ich versichere euch, wenn ihr euch nicht ändert und den Kindern gleich werdet, dann könnt ihr in Gottes neue Welt überhaupt nicht hineinkommen!«

Um jeden Preis will ich ins Himmelreich kommen. Darum will ich alle Lektionen klein-zu-werden gerne lernen und sogar dankbar für sie sein. Ja, dieses Ziel ist es wert, daß ich alles Hohe drangebe und meine Erniedrigungen bewußt annehme. Laß uns miteinander verbunden bleiben!

Herzlichst   Deine Erika.

34. Ich habe Angst

Nur eins ist wichtig, ob wir ängstlich oder tapfer sind:
Immer dort zu sein, wo Gott uns haben will
und im übrigen ihm zu vertrauen.
Es gibt kein anderes Heilmittel gegen die Angst,
als sich vertrauensvoll in seinen Willen hineinzuwerfen.
Georges Bernanos

Je mehr Mutters körperliche Kräfte abnehmen, desto mehr sagt sie: »Ich hab'so Angst!« Dabei schaut sie vor sich hin, eine Falte bildet sich zwischen ihren Augenbrauen.

Ich reagiere leichthin: »Ach was, Ängste gehören nun mal zum Leben dazu! Das weißt du doch, Mutter!«

»Ja schon, aber manchmal schaffe ich es nicht, gegen sie anzukämpfen, und sie überwältigen mich! Ich kann dann nicht schlafen und benutze starke Schlafmittel!« Verzweiflung klingt in ihrer Stimme mit.

»Du kämpfst, Mutter? Welche Waffen gebrauchst du dabei?«

»Oh, ich benutze dazu ein Wort von Jesus Christus ganz für mich persönlich!«

»Welches?« frage ich ein bißchen neugierig.

»Es ist das letzte aus dem Matthäus-Evangelium: ›Guck' auf mich: Ich, dein Herr, bin bei dir jeden Tag und jede Nacht bis zum Schluß!‹«

Ich schmunzle, denn ich kenne Mutters Art, die Bibel für sich selber in Anspruch zu nehmen. »Wovor hast du eigentlich Angst, Mutter?«

Nach einer längeren Besinnungspause kommt die Antwort: »Ich versuche, es dir zu erklären: Beim Altwerden kommen einem seltsame Gedanken, wie z.B.: Ich fühle mich den Anforderungen nicht mehr gewachsen. Ich kann nicht mehr so schaffen wie früher. Ich lasse manches fallen, und es geht kaputt. Ich bin schwerhörig, und es gibt dadurch Mißverständnisse. Ich vergesse dauernd etwas und bin ständig am Suchen. Mir fehlt die Kraft, den Haushalt zu führen; deshalb bin ich nichts mehr wert. Und Wertloses kommt zum Abfall!«

»Mutter«, rufe ich entsetzt, »seit wann bestimmt die Leistung deinen Wert? Du bist doch unsere Mutter, ob du viel schaffst oder wenig schaffst oder gar nichts mehr schaffst! Selbst wenn du uns nicht geboren hättest, sondern adoptiert, bist und bleibst du unsere Mutter! Sogar wenn du ganz wackelig und verkalkt wärst! Oder würdest du sagen, wenn eins deiner Kinder nicht deinen Erwartungen entspräche und keine Leistungen brächte, es sei nicht mehr dein Kind?«

Mutter schüttelt den Kopf.

Ich bohre weiter:

»Oder hast du Angst, wir würden eines Tages uns nicht mehr um dich sorgen?«

Keine Antwort.

»Also, eins verspreche ich dir, Mutter, daß deine Kinder und natürlich auch deine Schwiegerkinder ihr Allermöglichstes für dich tun werden!«

Mutter schaut mich mit ihren dunklen Augen eindringlich an: »Und wenn ich sterbe, wirst du an meinem Bett sitzen und mir die Hand halten bis zuletzt? Werdet ihr mich nicht einsam und verlassen im Krankenhaus oder bei fremden Menschen sterben lassen?« Ich gebe ihr einen Kuß: »Ich verspreche es dir!«

35. Vor und nach einer Operation

Das Blut Jesu macht uns rein von aller Sünde.
1. Johannesbrief 1,7b

Ärzte raten unserer Mutter dringend zu einer Operation, die nicht lebensgefährlich sei. Allerdings bestünde bei Mutters Veranlagung nach der Operation die Gefahr der Thrombose und Embolie. Mutter berät sich ausführlich mit Kindern und Schwiegerkindern und nimmt Kontakt mit dem Krankenhaus auf.

»Ich mache mir Gedanken, ob ich für den Ernstfall gut vorbereitet bin!« sagt sie nachdenklich zu mir. »Weißt du, ich habe noch einmal mein ganzes Leben durchdacht. Dabei ist mir einiges aufgegangen, was ich vor Gottes Angesicht schmerzlich bedaure. Ich würde es gerne ungeschehen machen. Mit einer Person war ich noch im Unfrieden. Deshalb habe ich gestern mit ihr ein langes Telefongespräch geführt. Nun sind mir ja Zweifel gekommen, ob Gott mir wirklich alles vergeben hat, was ich bereut habe. Ich habe da immer noch einige Szenen vor Augen, in denen ich eine beschämende Hauptrolle spiele.«

Während wir ins Gespräch vertieft sind und ich Mutters

Aufrichtigkeit bewundere, steigt unbemerkt einer der kleinen Enkel auf einen Schemel vor dem Küchenschrank und entdeckt dort eine Filmrolle, in Metallfolie sorgfältig verpackt. Neugierig öffnet er das Päckchen, entrollt den Film und hält ihn gegen das Licht:

»Ui, is' ja gar nix drauf! Alles swarz!«

Entsetzt springen wir beide auf. Zu spät! Der unentwickelte Film ist nicht mehr zu retten. »Alle Bilder umsonst fotografiert!« jammere ich.

Nachdem wir das Kind und uns wieder beruhigt haben, meine ich: »Siehst du, Mutter, das war die Lektion für dich: Der unentwickelte Film deines Lebens ist restlos ausgelöscht im Licht von Gottes Vergebung. Kein Beweismaterial von Wort und Bild mehr vorhanden!«

Mutter nickt: »Da kann ich ja beruhigt meinen Koffer packen und mich unters Messer begeben!«

Tage später besuchen wir unsere Mutter im Krankenhaus. Blaß und dankbar lächelt sie uns entgegen: »Es ist alles gutgegangen! Gott sei Dank!« Auf ihrem Nachttisch liegt ein verschlossener Briefumschlag mit der Anschrift: »An alle meine Kinder – erst nach meinem Sterben zu öffnen.« Ein Stich fährt mir ins Herz.

Jahre später, als Mutter an einer anderen, sehr schweren Krankheit gestorben war, kommt uns dieser Brief wieder in die Hände. Darin schreibt sie mit zittriger Schrift und unregelmäßigen Buchstaben:

»Meine lieben Kinder, ich bin wieder aus der Narkose erwacht und stelle fest: Ich lebe noch, konnte sogar kurz aufstehen, fühle mich aber sehr schwach.

Eigentlich war ich bereit zu sterben und habe mich ganz in Gottes Hand begeben. Vielleicht bin ich wegen der Thrombose in Lebensgefahr. Doch vorerst freue ich mich unsagbar, daß ich noch eine Zeitlang weiterleben darf und reifer werden kann. Auch möchte ich Euch jungen Familien noch gerne ein bißchen helfen, wenn ich wieder gesund bin. Ich danke dem Herrn über Leben und Tod aus tiefstem Herzen für diese neue Chance.

Falls ich doch überraschend sterben sollte, habe ich

noch vier Bitten an Euch:

1. Keines von Euch darf verloren gehen! Ich will Euch alle im Himmel wiedersehen!

2. Ich bitte Euch innig um Verzeihung für meine Unterlassungen und meinen Egoismus.

3. Statt Kränze und Blumen an meiner Beerdigung möchte man unserem Missionar Walter Hery und unserer Missionsschwester Trudel Brendel Spenden geben.

4. Keine Lobreden an meinem Grab, sondern eine Auferstehungsfeier wie bei der Beerdigung von Papa.

In Liebe   Eure Mutter.

36. Reif werden

Großer Gott, laß auch meine Seele zur Reife kommen, bevor du erntest.

Selma Lagerlöf

Mutter hat sich in ihrer Stillen Zeit, die sie sich täglich nimmt, einige Stichworte aufgeschrieben. »Ich will dir 'mal etwas vorlesen, Kind«, sie setzt dabei ihre Brille auf, »was ich mir in diesen Tagen notiert habe, damit ich es nicht vergesse.«

Ich bin gespannt und dankbar, daß unsere Mutter sich eingeübt hatte, ihre Gedanken und Gefühle zu formulieren – nicht nur für sie, sondern auch für uns ein Gewinn!

»Du weißt ja«, fährt sie fort, »daß Gott mein Leben verlängert hat, damit es zur Reife kommen kann, bevor er erntet. Ich wollte diese Zeitzugabe gut nutzen und fragte mich in diesen Tagen, ob es mir gelungen ist. Vor allem wollte ich in diesem Leben noch Frucht bringen für die Ewigkeit. Das Schlimmste, was mir passieren könnte, ist, wenn Gott voll schmerzlicher Enttäuschung zu mir sagen müßte: ›Luis, ich habe dich doch in diese Welt gesetzt, um Frucht für mich zu bringen!‹ Und nun habe ich den Eindruck, ich stehe mit leeren Händen vor ihm. Hab' ich umsonst gelebt?«

Ich denke darüber nach, welche Frucht Gott in Mutters Leben sucht. Sind da nicht unzählige Jugendliche und Frauen, denen sie den Weg zu Gott gezeigt hat; unzählige Herzlichkeiten und opfervolle Taten der Nächstenliebe, unzählige Fürbitten und Einsätze in der Kirchengemeinde?

»Weißt du«, unterbricht sie meinen Gedankengang, »ich bin jetzt so alt geworden und habe immer noch viel zu wenig Selbsterkenntnis. Ich denke, daß Gott in meinem Leben vor allem die Reue vermißt. Auch komme ich kaum los von Neid und Eifersucht und habe immer noch nicht gelernt, Kritik zu ertragen, weil sie mich meistens sehr verletzt. Aber was mir besonders fehlt, ist die Geduld. Wieviel Geduld hat unser himmlischer Vater mit mir! Darum möchte ich in meinem Leben die Frucht der Geduld wachsen lassen und damit den Herrn der Ernte erfreuen. Ach, wenn es mir nur gelingen würde, die kurze Zeit, die er mir noch schenkt, auszukaufen und viel mehr zu beten. Ihr seid ja alle so beschäftigt und nehmt euch leider viel zu wenig Zeit fürs Gebet. Deshalb ist es mein Auftrag, nicht nur für euch zu beten, sondern für Frieden und Gerechtigkeit auf dieser Erde, für Bewahrung vor Atom- und Umweltschäden, für unsere tote Kirche und die Mission in aller Welt und vieles mehr.«

»Betest du auch für dich selbst?« frage ich sie.

»Natürlich! Ich leide ja so darunter, daß mein äußerer Mensch immer mehr zerfällt, und bitte deshalb, daß mein innerer von Tag zu Tag erneuert werde.«

»Mutter, das sehe ich mit bloßem Auge, daß Gott dir deine Bitte um Reifwerden erfüllt und er selbst die Frucht zur Reife bringt, die er bei dir ernten will.«

37. Krebsoperation

*Siehe, das Frachtschiff – es erfährt seine Bestimmung
erst über dem Abgrund, erst über der Tiefe. Der Schoner,
an der Küste entlangsegelnd, weiß alles im voraus.*

Sören Kierkegaard

»Ich muß dir mal 'was zeigen!« sagt Mutter mit ernstem
Gesicht und macht sich den Rücken frei. Mit tiefem
Schrecken sehe ich eine große Geschwulst auf ihren Rip-
pen sitzen. Ich verstecke mein Entsetzen und frage ruhig:
»Darf ich 'mal fühlen? Seit wann hast du es bemerkt? Ist es
in letzter Zeit gewachsen?«

Mutter hatte es schon der Hausärztin gezeigt, die jedoch sehr gelassen reagiert habe, es könne dies oder jenes
sein. Meine Geschwister und ich drängen nun darauf, daß
Mutter schnellstens zum Facharzt nach Neustadt geht,
und wir melden sie dort an. Er rät zur sofortigen Operation. Ohne Aufregung und mit Liebe helfen wir ihr den
Krankenhauskoffer packen, beten und singen noch ein
Lied mit ihr und beobachten mit verborgenem Kummer,
wie Mutters Augen traurig Abschied nehmend über die
Pracht der Stauden schauen, die in diesem Sommer besonders herrlich blühen.

Während der Operation schicken wir alle voller Bangen, jeder an dem Ort, wo er sich gerade befindet, viele
Stoßgebete zum Himmel hinauf. Ganz erleichtert höre ich
dann am Telefon, die Operation sei gut verlaufen. Mutters
Augen strahlen, als ich sie im Krankenhaus besuche.

»Die Ärzte haben alles Schlimme herausgeschnitten,
sogar noch zwei kranke Rippen!« berichtet sie. »Es ist ein-
geschickt worden und wird jetzt untersucht.« Mir stockt
der Atem: »Sagte der Arzt noch etwas?«

Mutter zögert: »Es könnte vielleicht Krebs sein!«

Ich seufze und erinnere mich, daß sie vor Jahren einmal
sehr eindringlich ein Versprechen von mir erzwungen hatte: »Ich will bei Krankheiten niemals belogen werden! Ver-
sprich es mir!« Nun tröstet sie mich:

»Vielleicht ist es gar nicht so schlimm!«

Wie wird sie die Ungewißheit verkraften? So, wie wir unsere Mutter kennen, ist es für sie leichter, sich mit der bösen Realität auseinanderzusetzen, als durch Ungewißheiten hin- und hergerissen zu werden.

Mit Erleichterung stelle ich fest, daß die jungen Schwestern sehr lieb zu unserer alten Mutter sind. Sie kennt schon ihre Namen, weiß, wo sie herkommen und besteht darauf, daß jede zum Dank für alle Freundlichkeit eine Mon-Cherie-Praline aus der Schachtel auf ihrem Nachttisch nimmt. ›Typisch Mutter!‹, denke ich.

»Komm näher, Kind, daß ich besser mit dir reden kann! Ich erlebte Großes, was ich nie mehr vergessen werde: Vor der Operation hatte ich zuerst Todesängste. Ich war nicht zum Sterben bereit. Ich schrie innerlich zu Gott um Hilfe. Auf einmal wurde ich ganz ruhig und entspannt und hatte den Eindruck, ich bin geborgen in Gottes Hand. ›Von allen Seiten umgibst du mich und hältst deine Hand über mir!‹, sagte ich dauernd vor mich hin, bis ich einschlief. Als ich nach der Operation zur Intensivstation gefahren wurde – ich war noch nicht ganz bei mir –, fühlte ich plötzlich schreckliche, stichartige Schmerzen im Rücken, als würde man mich geißeln. Da dachte ich an meinen Herrn: ›Was du erlitten hast, Herr Jesus, das erleide ich jetzt ein klein wenig auch. Bleib jetzt bei mir, du gegeißelter Heiland!‹ Ich spürte etwa zehn furchtbare Stiche – sehr schmerzend – fühlte mich aber gleichzeitig mit dem leidenden Jesus verbunden. Ja, ich dankte ihm für seine Nähe und bat ihn um Linderung. Deutlich hörte ich das Wort: ›Geißelung!‹«

Ich denke daran, daß mir in der Seelsorge hie und da berichtet wurde, wie Menschen in Todesnähe Unerklärbares erlebten.

»Gewürdigt, mit Jesus Christus gegeißelt zu werden!« murmele ich und staune über unsere Mutter.

Tage danach erfährt sie dann die Bestätigung der Befürchtungen: »Krebs!« Der Arzt erklärt ihr die verschiedenen Möglichkeiten des Krankheitsverlaufs, ohne ihr die Hoffnung auf Besserung zu nehmen.

»Meinen Sie, Herr Doktor, ich kann noch einmal in meinen Garten gehen und ein klein wenig häckeln oder einen bunten Blumenstrauß schneiden?«

Der Arzt schaut ihr in die wunschgroßen Augen: »Vielleicht!«

»Wie wäre es, wenn ich mich sogar noch bücken könnte, um Unkraut herauszuziehen?« Nun bricht der Arzt freundlich die Verhandlung ab und verabschiedet sich. Mutter sieht sich wieder frühlingsmäßig in den Garten gehen und Tagetes säen, während mein Herz weint.

38. Krebskrank

Darum werden wir nicht mutlos, sondern wenn auch unser äußerer Mensch zerfällt, so wird doch der innere von Tag zu Tag erneuert.

2. Korintherbrief 4,16

Der Chirurg hatte in vorsichtig tastenden Gesprächen wohl herausgefunden, daß unsere Mutter die Wahrheit über den Ernst ihrer Krankheit verkraften könne. Jedenfalls sagt er ihr bei der Entlassung aus dem Krankenhaus noch einmal, sie sei krebskrank, aber sie solle doch die Hoffnung nicht aufgeben, daß keine Metastasen (Tochtergeschwülste) sich bilden würden. Die Krankenhausärzte hätten alles getan, was menschenmöglich sei, um ihr zu helfen.

Wir sind erleichtert, daß Mutter durch diese Eröffnung keinen Schock erleidet. Sie hatte übrigens in den letzten Jahren öfters erwähnt, daß sie wohl wie so viele ihrer Bekannten und Verwandten auch an Krebs sterben werde. Wir wollten damals natürlich nichts davon wissen, waren ihr deshalb in diesen Vorahnungen leider keine Hilfe und ließen sie in ihren Befürchtungen allein.

Jetzt haben wir den Eindruck, daß sie durch eine Flut von wechselnden Gefühlen hin- und hergerissen wird:

»Ihr benehmt euch ja, als sei ich schon im Sterben! Gib

mir mal den Stock und führ' mich in den Garten! Ich muß nach meinen Stauden sehen. Ihr habt wahrscheinlich schon wieder vergessen, sie zu wässern!«

So liefert sie uns den Beweis »Ich lebe noch!«, macht sich stark und geht mit wackeligen Schrittchen den Gartenpfad entlang. Dann wieder starrt sie in depressiver Stimmung auf den Boden und fürchtet sich vor dem weiteren Krankheitsverlauf. Sie erleidet den Krebs als Fremdkörper, den sie abstoßen will, der sich aber wie Tiere in ihrem Leib vermehrt und ihn aufzehrt.

Hie und da verhandelt sie mit dem Hausarzt, der in Kontakt mit den Krankenhausärzten ihre weitere Betreuung übernommen hat: »Herr Doktor, meinen Sie nicht auch, ich könne mich über Winter erholen und im Frühjahr wieder ein wenig im Garten arbeiten? Ich würde auch gerne meinen Kindern noch etwas helfen. Die haben alle so viel Arbeit!«

»Aber Frau Schreiner, Sie wissen doch . . .!«

»Ja, ich weiß!«, lenkt Mutter ein. »Doch mein Chirurg hat mir Hoffnung gemacht!« Und nach einer Pause: »Ich möchte eigentlich noch nicht so schnell sterben!«

»Krebs ist eine der schwersten Krankheiten!« antwortet traurig der Hausarzt und bittet damit indirekt unsere Mutter, den Tatsachen doch ins Auge sehen zu wollen.

Nach einer gewissen Zeit hat Mutter sich durchgerungen und erklärt mir: »Ich nehme diese Krebskrankheit an, aber ich bitte Gott darum, daß sie erträglich sei und ich aushalten kann, was er mir auferlegt. Er macht es recht mit mir, Kind. Versprichst du mir, wenn's ans Sterben geht, daß du bei mir bist?« Schon zum zweiten Mal bittet sie mich darum, so wichtig ist es ihr.

»Ja, Mutter, ich verspreche es dir! Gern möchte ich dir nachsehen, wie du in die himmlische Heimat einziehst.«

Mutter erinnert sich: »Bei deinem Papa habe ich den Himmelsglanz in seinen Augen gesehen. Sie waren strahlend in die Höhe gerichtet!«

Von da an bat ich Gott, mir die Gnade zu schenken, bei dem Sterben unserer Mutter dabeisein zu können.

39. Abschied vom Garten

Wie ein Licht vom Löwenzahn
wird dein Leben ausgeblasen.
Auf der Freude grünem Rasen
ist ein Augenblick vertan.

Wie ein Korn vom Löwenzahn
sucht die Seele dann, die blinde,
daß sie einen Acker finde,
wo sie wachsend ruhen kann.

Wie die Frucht vom Löwenzahn
mußt du in den Himmel wehen –
und mit Christus auferstehen.
Komm, o Wind, und rühr mich an!

Ruth Schaumann

Eine Zeitlang nehmen Mutters Kräfte zu, und sie erholt sich langsam von der schweren Operation. Nun taucht die Frage der Bestrahlung auf. Ich bringe Mutter zu einem Spezialisten nach Mannheim, der alle Unterlagen gewissenhaft geprüft hatte. Sie schaut dem Arzt, der dem Alter nach ihr Sohn sein könnte, treuherzig in die Augen und fragt ihn: »Wenn ich Ihre Mutter wäre, was würden Sie mir raten?«

Da blickt er sie aufmerksam an, denkt nach und sagt mit Wärme, fast wie ein Sohn: »Keine Bestrahlung, Mutter!«

Es ist inzwischen Herbst geworden. Die Chrysanthemen blühen in herrlichen Farben, die Rudbeckia leuchtet als ein gelbbrauner Abschiedsstrauß, aber die Dahlien sind nach der ersten Frostnacht in sich zusammengesunken. Mutter liegt meistens auf der Couch im Wohnzimmer und sagt wehmütig: »Nun kann ich nicht einmal mehr zuschauen, wie ihr den Garten für den Winter vorbereitet.« Zum ersten Mal gibt sie keine Anweisungen, was getan werden muß. Ist es ihr gleichgültig, wie wir die Staudenstengel zurückschneiden und die Dahlienknollen einwintern? Unsere Mutter ringt innerlich, auch diese geliebte Verantwortung abzugeben. Traurig versunken sieht sie zur Terrassentür hin: »Mein letztes Gartenjahr geht zu Ende!« Ihre Augen sind feucht vom Abschiedsschmerz. »Es wird bald Winter!«

Während wir die Cannawurzeln aus der Erde nehmen, zieht Mutter ihre Gärtnerinwurzel aus dem Garten ihres Herzens heraus und beginnt, die Bindung an Erde und Pflanzen zu lösen. Was ihr von Kindheit an ein Lebenselement war, läßt sie zurück.

Das Abschiednehmen hat begonnen.

40. Der Pflegeplan

Nichts wird zu schwer, wenn man wahrhaft liebt.
Maria Theresia

Es hat sich herausgestellt, daß meine Schwester Ursel und ihre Kinder, die bei Mutter im Haus wohnen, Mutters Pflege nicht mehr bewältigen können, obwohl täglich eine liebevolle Krankenschwester von der Sozialstation hilft. Wir halten Geschwisterrat und beschließen gemeinsam: Soweit es an uns liegt, wollen wir unsere Mutter nicht in ein Alters- und Pflegeheim abgeben; denn so, wie sie veranlagt ist, hätte sie es wohl kaum verkraftet. Hat sie doch ihr Leben lang unsere Familie mit großen Opfern aufgebaut, so soll sie auch, wenn es uns irgend möglich ist, im Schoß ihrer Familie ihr Leben hier beenden dürfen. Der Hausarzt, ein Internist, redet uns zu und unterstützt uns durch seine täglichen Besuche.

Darum wagen wir es, gemeinsam einen Pflegeplan aufzustellen. Jedes erwachsene Familienglied, auch die Enkel, können sich je nach Zeit und Kraft stundenweise oder für einen Nachmittag und eine Nachtwache eintragen. Manche setzen ihren Urlaub, andere ihre freie Zeit ein, jeder und jede überlegt sich, was er/sie als Zeichen der Dankbarkeit beitragen kann. So entsteht Woche für Woche ein lückenloser Pflegeplan, der allen einsichtig an Mutters Schlafzimmertür hängt. Eine Abschrift davon wünscht sie sich an ihr Bett, damit sie sich auf den Pflegewechsel ihrer Lieben einstellen und im voraus freuen kann.

Dieser gemeinsame Liebesdienst hat uns Familienglieder neu miteinander verbunden und, wie sich bald herausstellt, die Familienbande erstarken lassen.

41. Das Wichtigste

> *Ich will dich lieben, o mein Leben,*
> *als meinen allerbesten Freund;*
> *ich will dich lieben und erheben,*
> *solange mich dein Glanz bescheint;*
> *ich will dich lieben, Gottes Lamm,*
> *als meinen Bräutigam.*
>
> Johann Scheffler

Mutter telefoniert: »Wann kommst du wieder? Ich mache mir so Sorgen!«

Als ich sie besuche, ist ihr Gesicht sehr ernst: »Ich konnte kaum erwarten, dich wieder zu sehen!« begrüßt sie mich. »Weißt du, ich mache mir Gedanken, weil mir das Wichtigste fehlt, um in den Himmel zu kommen. Ich hänge an euch allen, besonders an Christian und Bärbel (Ursels Kindern). Ich hänge sogar an diesem bißchen alten, kranken Leben, das ich noch habe. Ich hänge an meinem Wohlbefinden und an eurer Liebe. Bis vor kurzem waren es noch die Frauenarbeit und meine Stauden, zeitweise hing mein Herz sogar an diesem Häuschen, das wir gebaut haben. Und jetzt, wo mir alles zu entgleiten droht, halte ich es um so mehr fest. Ein Zeichen dafür, daß mir eines fehlt, nämlich das Allerwichtigste, das im Himmel gilt! Nun bin ich in Ängsten, daß Gott mir die Tür zum himmlischen Jerusalem verschließt und zu mir sagt: ›Du mußt draußen bleiben!‹«

»Was ist das Wichtigste, Mutter, wovon du meinst, daß es dir fehlt?« frage ich.

»Das weißt du doch! Es ist die Jesusliebe. Daß Jesus Christus der alleinige Mittelpunkt meines Lebens ist, um den meine Liebe kreist wie die Sterne um die Sonne. Aber ich, ich habe ihn tausendmal auf die Seite geschoben. Anderes war mir wichtiger als er. – Doch in Treue hat er immer wieder bei mir angeklopft. Aber oft war ich so beschäftigt, daß ich kaum Zeit für ihn hatte. Wenn wir dann endlich miteinander ins Gespräch gekommen sind, bin ich bald wieder aufgesprungen und habe irgend etwas anderes gemacht, was im Augenblick nicht so wichtig gewesen wäre, als sich dem hohen Gast zu widmen. Respektloser und unhöflicher hätte ich ihn nicht behandeln können. Wenn sonst eine hochgestellte Persönlichkeit mich besucht hätte, wäre ich bestimmt bei ihr sitzen geblieben und hätte sie erfreut. Aber ich habe die allerhöchste Person des Himmels oft enttäuscht. Sie war mir nicht konkurrenzlos wichtig. Meine Haltung ist nur ein Ausdruck meiner geringen Ehrerbietung und Liebe ihr gegenüber. Was ich liebe, daran hängt mein Herz, dafür habe ich immer Zeit, Kraft und Fantasie. Das ist nicht einmal ein Opfer, sondern gibt mir tiefe Befriedigung. So habe ich oft die höchste Berufung meines Lebens verpaßt oder sie nur lückenhaft erfüllt.«

Nachdenklich betrachte ich den kleinen äthiopischen Wandbehang, der über Mutters Bett hängt. Am Rand steht eine vom Leid gebeugte Frau. In der Mitte ist der leidende Christus abgebildet, jedoch nicht am Kreuz, sondern in einer Kelterpresse, die zugedreht wird. Er soll ausgepreßt werden, damit herauskommt, was in ihm ist. Und was fließt aus ihm heraus? Liebe, blutrote Liebe, die in alle Welt strömt.

»Mutter, meinst du, daß Jesus Christus für alle Sünden aller Menschen sein Blut vergossen hat – nur nicht für dich und deinen Mangel an Jesusliebe?« frage ich.

Mutters Gesicht wird heller. Nach einer Weile nickt sie: »Wie gut, daß es das für mich gibt! Allein dafür will ich ihn über alles lieben!«

Martin Luther:

Mir ist's bisher wegen angeborener Bosheit und Schwachheit unmöglich gewesen, den Forderungen Gottes zu genügen. Wenn ich nicht glauben darf, daß Gott mir um Christi willen dies täglich beweinte Zurückbleiben vergebe, so ist's aus mit mir, und ich muß verzweifeln. Aber das laß ich bleiben. Wie Judas an den Baum mich hängen, das tu ich nicht. Ich hänge mich an den Hals oder Fuß Christi, wie die Sünderin, wenn ich auch schlechter bin als diese. Ich halte mich an meinem Herrn fest.

Dann spricht Jesus zum Vater: »Dieses Anhängsel muß auch durch! Er hat zwar nichts gehalten und alle deine Gebote übertreten; aber er hängt sich an mich. Vater, was willst, ich starb auch für ihn! Laß ihn durchschlüpfen!«

Das soll mein Glaube sein.

42. Geistliche Kämpfe

> *Ich gehöre meinem Herrn,*
> *und er wird darob verfügen,*
> *wird mich ernten und mich pflügen*
> *bis zu meinem tiefsten Kern.*
> *Ruth Schaumann*

Wir haben den Eindruck, als würden im Krankenzimmer unserer Mutter unsichtbare geistliche Kämpfe ausgefochten, als wären zwei Mächte anwesend, die um unsere Mutter ringen.

Trotz der starken Medikamente ist sie sehr unruhig. Oft sagt sie laut: »Ja! Ja!« oder »Nein!« zu Personen, die wir nicht sehen. Wer redet mit ihr? Worauf gibt sie Antwort? Öfters betet sie: »Erlöse uns von dem Bösen!«

Einmal jammert sie: »Er verklagt mich dauernd!« Da wage ich, laut zu gebieten: »Im Namen Jesu und unter dem Schutz seines Blutes befehlen wir dir, du böser Ankläger: Weiche! Geh weg von unserer Mutter; denn sie gehört Jesus Christus allein! Du hast kein Recht über sie!« Ich singe ein bekanntes Lied aus dem Gesangbuch und höre, wie Mutter mit einem leisen, fast gebrochenen Stimmchen mitsingt.

Sterben ist etwas Heiliges!, denke ich und empfinde den Frieden der himmlischen Welt, die uns jetzt umgibt. Damit diese Atmosphäre von außen nicht gestört wird, empfangen wir die meisten Besucher nur unten im Wohnzimmer, berichten gern von Mutters Ergehen und erzählen ihr später, wer sie grüßen läßt. Wir erleben viel Mitgefühl und Mittragen der Gemeindeglieder. Es tut uns allen sehr wohl.

Sie, die ihr Leben lang außerordentlich kontaktfreudig war, ist jetzt auf ihr Innenleben konzentriert, wozu sie die wenigen Kräfte, die sie noch hat, voll braucht. Der Leiter der Bibelstunde, die sie gern besucht hatte, ein Laienprediger, stärkt sie, indem er sie für die letzte Wegstrecke priesterlich segnet. Der alte Pfarrer dankt im Namen der Kirchengemeinde für die unzähligen Dienste, die unsere Mutter mit Hingabe geleistet hat. Ach, sie liegen schon so weit zurück! Mutter schaut vorwärts auf das Ziel.

43. Das letzte Abendmahl

> *Nimm und iß vom Brot des Lebens,*
> *nimm und trink vom Kelch des Heils!*
> *Es stärke und bewahre dich im Glauben*
> *und führe dich zum ewigen Leben!*
> *(aus einer Abendmahlsliturgie)*

Es ist Ewigkeitssonntag. Wir wollen in Mutters Wohnzimmer, das so viele Familienfeste gesehen hat, das letzte

Abendmahl mit ihr feiern und zugleich Advent und schon Weihnachten hineinnehmen, weil wir nicht wissen, ob Mutter am Weihnachtsfest noch unter uns sein wird. So gestalten wir das große Zimmer adventlich und bauen sogar Mutters selbstmodellierte Krippe auf. Wie ausdrucksvoll hat sie diese Krippenfiguren gestaltet! Dann ziehen wir Töchter unsere Mutter festlich an und setzen sie auf einen Stuhl. Die Söhne tragen sie mitsamt dem Gestell die Treppe hinunter – eine geliebte und jetzt so gebrechliche Last – und setzen sie erst vor der kerzenbeleuchteten Krippe ab. Da sie allerhand Ideen ihrer Kinder gewohnt ist, ist sie nun nicht erstaunt, daß wir uns nicht an den Kalender halten und verfrüht Advent feiern. Wir singen, mit Instrumenten begleitet, die altvertrauten Adventslieder aus dem Quempasheft und freuen uns, daß wir alle, bis auf die Geschwister in USA, beieinander sind. Der zuständige Gemeindepfarrer, der sie beerdigen wird, Bernd Delatree, feiert mit uns und teilt uns allen das Heilige Abendmahl aus. Mutter betet laut wie eine Priesterin für uns alle, für die Gemeinde und die Kirche in der ganzen Welt. Wir spüren es: Jesus Christus ist mitten unter uns in Brot und Wein. Er stärkt uns für die schweren Wochen, die auf uns zukommen.

Die letzte Familienrunde im adventlichen Glanz – Mutter sitzt froh und dankbar zwischen uns. Und doch liegt über allem die Wehmut des Abschiednehmens, wie ein Nebel, der das Licht dämpft.

44. Grenzsituationen

*Indem wir altern, wachsen uns Gaben der Bereitschaft
zu; wir lernen wieder, Gefäß zu werden und zu warten,
daß eine Kraft, nicht von dieser Welt, uns fülle.*

Gertrud Bäumer

Die Nächte werden immer schmerzreicher und unruhiger
und kosten physisch und psychisch alle unsere Kräfte. Eine
Person hält neben Mutters Bett Nachtwache, drückt ihr
die Hand, streichelt sie und macht unzählige Handgriffe
bis in den frühen Morgen hinein. Die andere Person schläft
derzeit im Nebenzimmer, ist rufbereit und übernimmt
dann die zweite Hälfte der Nachtwache. Mutters Befinden
wird stets notiert, auch welche Medikamente in welcher
Zeit in der betreffenden Nacht verabreicht wurden, und
am nächsten Tag wird alles mit dem Arzt besprochen.

Eines Nachts kommt meine Schwester Ursel weinend
zu mir ins Nebenzimmer. Ich schrecke aus dem Schlaf
hoch: »Ist was passiert?«

»Ich halte es nicht mehr aus!« schluchzt sie. »Ich kann
Mutters Wimmern nicht mehr ertragen!« Tatsächlich hat-
te Mutter sich angewöhnt, fast dauernd, sogar im Schlaf
noch, zu wimmern, um ihren elenden Zustand kundzutun.
Mir wird klar, daß wir an die Grenzen unserer psychischen
Belastbarkeit gekommen sind.

Nach kurzer Überlegung gehe ich zu Mutter hinein und
rede in strengem Ton zu ihr: »Hör zu, wir tun alles für dich,
was in unserer Möglichkeit steht. Aber wenn du weiterhin
so wimmerst, können wir es nervlich nicht mehr verkraften und sind gezwungen, eine andere Lösung zu suchen.
Ich flehe dich an, Mutter, sage uns nur ein Wörtchen oder
deute uns, was du gerne hättest. Wir erfüllen dir jeden
Wunsch. Nur wimmere nicht mehr!« Über meinen Tonfall
erschrocken, halte ich inne und frage mich: ›Schämst du
dich nicht, eine sterbende Frau noch erziehen zu wollen?‹
Ich bereue meine Härte.

Aber zu meiner Überraschung hat Mutter voll begriffen, worum es geht. Von dieser Minute an hat sie trotz ihrer Schmerzen nicht mehr gewimmert. Diese Tapferkeit, die Nerven ihrer Kinder zu schonen, rührt uns so, daß wir ein besonderes Verständnis ohne viele Worte für ihre Bedürfnisse entwickeln können.

Wir wundern uns, daß ihr Körper immer kleiner wird. Die Glieder ziehen sich, von Schmerzen verkrampft, zusammen. Sie hat die Bewegungen, die Körperfunktionen und die Pflegebedürftigkeit eines kleinen Kindes erreicht. »Unser liebes Baby«, nennen wir sie und denken: So, wie sie auf diese Welt gekommen ist, so geht sie wieder.

»Mama, Mama!« ruft sie.

»Meinst du mich oder deine Mama?« frage ich sie.

»Du bist jetzt meine Mama!« Dann flüstert sie: »Heim!«

»Willst du zurück in deine Kindheit, oder« – ich zögere, »oder willst du in die himmlische Heimat?«

Sie antwortet: »Muß noch warten! Geduld lernen!«

Wir staunen: Am Ende ihres Lebens lernt sie die letzte Lektion: die Geduld der Heiligen. War sie doch von Natur aus eine rasche und oft ungeduldige Frau, der das Warten stets schwer fiel!

Wir haben den Eindruck, daß, je mehr ihr Körper zerfällt, desto stärker ihr Innenleben sich entfaltet, nur kann sie es nicht mehr deutlich äußern. Gott gibt ihrem inwendigen Menschen den letzten Schliff als einem Diamanten für seine Krone, und wir dürfen in Ehrfurcht ein wenig in seine Werkstatt schauen. In einer schlimmen Nacht tröste ich sie: »Bald wirst du erlöst und eine himmlische Gesundheit erhalten!« – »Noch nicht! Erst noch 12 Stunden schlafen!« flüstert sie.

Tatsächlich schläft sie gegen Morgen ein und wacht den Tag über und die nachfolgende Nacht nicht auf. Tief und ruhig und ohne Schmerzen schlummert sie wie ein Kind, ihr und uns zur Erholung.

Immer klarer erkennen wir, daß sie wohl im Gespräch mit ihrem Schöpfer lebt und von ihm Anweisungen erhält. Während ihr Körper zerfällt, gibt er ihr eine dichte Zeit voller Erleben, die zu ihrer Vollendung unbedingt nötig ist.

45. Erinnerung an Großmamas Sterben

Mein Gott, mein Gott, ich bitt' durch Christi Blut:
Mach's nur mit meinem Sterben gut!
(nach Ä. J. v. Schwarzberg-Rudolstadt)

Während ich unserer Mutter auf ihren Wunsch die Pulse mit nassen Tüchern kühle und ihr Speiseeis einlöffle – sie wird wie von einem inneren Brand verzehrt – erinnere ich mich, daß sie Ähnliches ihrer sterbenden Mutter getan hatte. Unsere Großmama, 80 Jahre alt, lag in einer kleinen, warmen Kammer im Pfarrhaus, weil wir in der Nachkriegszeit keinen Brand hatten, die großen Schlafzimmer zu heizen. Ein schlankes, zierliches Frauchen, jetzt im Sterben noch kleiner und leichter geworden, stets von ihrer Tochter umsorgt, während wir damals, uns der Aufgabe bewußt, den übrigen Haushalt führten. Wir sparten die rare Butter und das letzte Stückchen Brot, um es der sterbenden Großmama zukommen zu lassen. Seltsam, Großmama sprach laut mit ihrem gestorbenen Mann und ihren drei gefallenen Söhnen, als wären sie im Raum. Verwundert hörten wir zu.

»Es scheint so zu sein, daß Sterbende von ihren verstorbenen Lieben abgeholt werden!« meinte damals unsere Mutter. Uns leuchtete das ein; denn wenn wir von der sichtbaren Welt in die für uns noch unsichtbare gehen, ist es gut, wenn wir Begleitung haben, die sich auskennt und uns in die neue Welt einführt. Vertraute Personen oder vielleicht auch Engel erleichtern uns wohl den Übergang und nehmen Ängste vor dem Unbekannten weg.

Wie werde ich, werden wir einmal sterben, die wir noch mitten im Leben stehen? Werden meine Kinder um mich sein, so wie es Großmama und Mutter erlebt haben? Oder werde ich abgeschoben, in einer trostlosen Umgebung verlassen, sterben müssen? Eines weiß ich sicher: Ganz gleich wie und wo ich sterben werde, mein Herr Jesus Christus wird mir ganz nahe sein. Weil er die Gottverlassenheit für mich erlitten hat, werde ich nicht von Gott verlassen sterben müssen.

46. Die innere Uhr

Der Herr nimmt uns die Last nicht ab;
aber er gibt Kraft zum Tragen.
Er streckt uns seine Hand entgegen,
wir brauchen sie nur zu ergreifen, und fragt:
»Sollen wir es miteinander tun?«

J.H. Newman

Der Arzt sagt uns bei der Verabschiedung: »Heute nacht wird es wohl so weit sein. Eure Mutter wird den morgigen Tag nicht mehr sehen.« Wir nicken und telefonieren die Familie zusammen, richten Mutters Zimmer schön her und stecken die Weihnachtskerzen an.

Sollen wir ihr die Vermutung des Arztes sagen? Warum nicht?

»Mutter, der Arzt meint, daß du heute nacht heimgehen darfst!«

»Danke! Danke!« seufzt sie. Wir verteilen Gesangbücher und singen ihr Ewigkeitslieder vor. Ab und zu fällt eine Stimme, von Tränen erstickt, aus. Dann machen sich die anderen stark und singen weiter, damit die Melodie nicht abreißt.

Obwohl Mutter in den letzten Jahren recht schwerhörig war, ist jetzt ihr Gehör sehr scharf geworden. Zu unserem Erstaunen hört sie die leisesten Töne und versteht uns sogar, wenn wir flüstern. Wir lesen aus der Bibel, was sie über den Himmel und das himmlische Jerusalem berichtet, und sprechen ein wenig von der unvorstellbaren Herrlichkeit, welche die sehen, die hier glauben. Mutter hört dankbar zu und freut sich über den Kreis ihrer Familie, der sie umgibt. Dann meint sie: »Nun will ich schlafen! Geht bitte auch ins Bett!« Wir sagen ihr herzlich »Gute Nacht!«.

Am nächsten Morgen fühlt sie sich erstaunlich wohl, verlangt ihre Zahnprothese und nimmt mit Appetit das Frühstück ein. So gestärkt berichtet sie uns: »Ich darf noch nicht sterben. Ich muß immer noch warten. Noch lange! Es müssen nämlich zuerst noch 20 Gefäße leer werden, und ich muß sie alle leer machen!«

»Was für Gefäße, Mutter?« wundern wir uns.

»Oh, große Töpfe und Pfannen, so wie früher auf unserem alten Herd!«

Nach Tagen frage ich: »Mutter, sind schon einige Pfannen leer?«

Sie bejaht. Wieder später sagt sie: »Nur noch zwei Töpfe sind voll!« Es klingt wie ein Geheimnis.

Wieder wundern wir uns, was sie da verarbeiten muß und mit welchen Symbolen ihre innere Uhr abläuft. Es wäre eine Sünde, eigenmächtig in Gottes Zeitplan einzugreifen und das Ausreifen dieser Seele zu verhindern.

»Jetzt muß ich noch einen Korb voll schmutziger Steine waschen und kleinmahlen. Das ist schwer!« erklärt sie mir.

»Wozu diese Arbeit?« frage ich.

»Für einen Weg!«

»Hilft dir niemand?«

»Oh, doch!« nickt sie. Etwas später: »Ich sehe den Weg schon! Er ist bald fertig! Oh, er schimmert golden! Darf ich darauf gehen? – Ja! Komm!«

Ich bin erschüttert und sehe zu dem Tonkreuz auf, das über Mutters Kopf hängt. Gerhart hatte es ihr in schwerer Zeit modelliert, und es war ihr sehr wertvoll. Eine kleine Jesusfigur hängt daran und schaut auf Mutter herunter. Am Kreuzarm hatte sie einen Zettel befestigt. Darauf steht: Ich warte auf dich!

47. Danke! Danke!

> *Die wichtigste Stunde ist immer die Gegenwart;*
> *der bedeutendste Mensch ist immer der,*
> *der dir gerade gegenübersteht;*
> *das notwendigste Werk ist stets die Liebe.*
> *Meister Eckhart*

Für jeden Handgriff, für jede Freundlichkeit, für jedes gute Wort sagt Mutter: »Danke! Danke!« Dieses Wörtchen hören wir andauernd. Wenn sie zu schwach ist, um es auszusprechen, sagen es ihre Augen. Wenn auch diese vor Schwäche geschlossen sind, dann bedankt sie sich mit einem angedeuteten Kopfnicken.

Früher war das nicht der Fall. Mutter hat sich in Selbstverständlichkeit für uns und viele andere eingesetzt und erwartete das gleiche von uns. Dankesworte, großartige Anerkennung waren rar. Von Lobhudelei hielt sie gar nichts. »Taten! Keine überflüssigen Worte!« war ihre Einstellung. Aber jetzt ist sie rührend geworden in ihrer Dankbarkeit. Das macht uns die Pflege leichter und beflügelt uns geradezu.

Auch die Zärtlichkeit war in unserer Familie kleingeschrieben. Zärtliche Gesten waren ebenfalls rar. Unser Miteinander war robust, herzhaft und handfest. Doch jetzt ist Mutter für Zärtlichkeit sehr sensibel geworden. Wenn wir sie streicheln und küssen, blüht sie zusehends auf und gewinnt neue Lebenskräfte.

»Herr Doktor, es gibt eine Arznei gegen Krebs!« sagt sie zu ihrem Arzt.

»So? Welche denn?« will er wissen.

»Liebe, nur Liebe! Und die bekomme ich!« verrät sie ihm.

48. Vergeben und um Vergebung bitten

Die Liebe läßt sich nicht erbittern.
Sie rechnet das Böse nicht zu.
1. Korintherbrief 13,5

Ich sitze an Mutters Bett und denke zurück an viele Situationen, die ich mit ihr erlebt habe. Manche waren schwierig durch ihre und durch meine Schuld. Mir fällt ein, wie wenig Verständnis ich für sie hatte, wie ich mich ihr dauernd entzogen, sie kritisiert und überfordert habe, und wo

119

sie mich mit ihren dunklen Augen tief enttäuscht ansah. Besonders als unser Papa gestorben war, hat sie von mir mehr Trost erwartet, als ich ihr gegeben habe. Mir steigen die Tränen hoch, ich schäme mich.

»Mutter, verzeihst du mir alles?« bitte ich.

»Kind, da is' nix!« sagt sie entschieden und schüttelt den Kopf.

Wie gut! denke ich dankbar. Sagt Gott auch zu mir: »Da is' nix, Kind!«?

In diesem Augenblick kommt meine Schwester herein. Auch sie hatte Auseinandersetzungen mit Mutter gehabt. Sie erspürt die besondere Situation.

Mutter wendet sich ihr mit Wärme zu: »Verzeihst du mir, Kind?«

Sie bricht in Tränen aus und sagt: »Verzeih du mir, Mutter!«

Wir empfinden eine Berührung der himmlischen Welt. Uns wird klar: Im Himmel gibt es nur solche, die vorher um Verzeihung gebeten haben und einander verziehen haben. Sonst passen sie nicht in Gottes Reich.

49. Hingabe zum Leiden

*Leiden
ist immer auch stellvertretend.*

»Ich habe mir immer gewünscht, ein leichtes Sterben zu haben«, flüstert unsere Mutter, »und jetzt muß ich so viel leiden! Mein Leben lang hatte ich eine versteckte Angst vor einem qualvollen Ende, und nun erleide ich es.«

Im Raum steht groß: »Warum?« Hatte sie das verdient? Nach menschlichem Ermessen: Nein! Aber Gottes Gedanken sind höher als unsere Gedanken.

»Mutter, Jesus hatte auch Angst vor einem schrecklichen Tod«, erinnere ich sie. »Darum hat er gebetet: Mein Vater, laß doch diesen Leidenskelch an mir vorübergehen!

Aber Gott hat in seiner Weisheit beschlossen, daß er ihn bis zum Ende austrinken solle. Jesus hat sich dazu bereiterklärt und gesagt: Nicht wie ich will, sondern wie du willst, mein Vater!«

»Ja!« – es ist eins der vielen Ja, die wir in den Wochen des Sterbens von Mutter hören. »So will ich auch ja sagen zum Leiden. Es ist mein Kreuz. Ich will es auf mich nehmen, wenn es mir auch viele Schmerzen bringt.« Friede ist in ihrem Gesicht. Friede lagert sich um uns her.

Beim Abschied sagt der Arzt zu uns: »Der Körper eurer Mutter ist seit Wochen und Monaten ein Todeskandidat. Nach dem Zustand der Krankheit sollte sie schon längst gestorben sein. Es ist mir ein Rätsel, daß immer wieder das Leben aufflackert.«

Auch uns erscheint es wie ein Kampf zwischen Leib und Geist. Mutters Leib signalisiert schon seit Wochen: ›Ich bin am Ende!‹ Aber der inwendige Mensch weiß: ›Ich muß vollendet werden! Dazu brauche ich noch Reifungszeit.‹ Während ihr Leib todkrank ist, ist ihre Geistseele intensiv in einem letzten Reifungsprozeß. Sie scheint in einem sehr persönlichen Austausch mit ihrem ewigen Herrn zu stehen, woher sie kam und wohin sie will. Aber diese letzten Lektionen werden immer wieder vom Erzfeind gestört, der die Vollendung des inwendigen Menschen zu verhindern sucht. Ein Kampf zwischen Licht und Finsternis.

»Mutter, bist du bereit, heimzugehen in die himmlische Heimat?« frage ich sie.

»Noch nicht!« antwortet sie klar. »Ich darf noch nicht sterben! Ich muß noch etwas erstatten.«

»Habe ich recht gehört? Sagtest du ›erstatten‹?«

»Ja! Erstatten!«

Ich grüble. Was für ein seltsames Wort! Ich hatte es bisher nie von ihr gehört. Was meint sie damit? Wo hat sie es her?

Ich finde es im Kolosserbrief, Kapitel 1, wo Paulus schreibt: »Ich erstatte an meinem Fleisch, was an den Leiden Christi noch fehlt, für seinen Leib, das ist die Gemeinde.« Ist ihr Leiden stellvertretend für die Gemeinde, oder vielleicht für uns, ihre Kinder und ihre Enkel? Ich sehe Mutters Körper, gequält, entstellt, wie gekreuzigt, und ahne etwas von dem Geheimnis eines geistlichen Geschehens. Sie ist hineingenommen in die ›Gemeinschaft der Leiden Jesu und seinem Tode gleichgestellt‹ (Philipper 3,10). Gott weiß es.

»Ach, ich kann nicht mehr beten!« klagt Mutter. »Ich habe nie genug gebetet. Und jetzt bin ich zu schwach dazu.«

Ich bin erschüttert; war sie doch, je älter und reifer sie wurde, eine Beterin und hat wie selten sonst jemand im Gebet gerungen. Ob Mutters Geistseele, so wie ihr Leib, durch schreckliche Nöte hindurch muß – durch Dunkelheit und Sterben? Wird sie jetzt durch diese Leiden ihrem Herrn Jesus gleichgestaltet? Ich weiß, daß Gott die Seinen durch innere Nächte und Lebenswüsten gehen läßt, damit unser altes, egoistisches Wesen stirbt und sein göttliches Leben in uns aufersteht. Führt er im Augenblick seine Dienerin durch dunkle Abgründe, um sich ihr in besonderer Weise zu offenbaren?

»Mutter, schau auf deinen äthiopischen Wandbehang!« bitte ich sie. »Diese zerschundene Frau, eine leidende Christin, ist so entstellt und weint. Aber wie nah ist sie dem leidenden Christus. Leidende gehören zusammen. So leidet Jesus jetzt mit dir, ist ganz in deiner Nähe, auch wenn du es nicht spürst. Er nimmt dich jetzt hinein in sein Sterben, aber danach auch in seine Auferstehung. Ohne Leiden und Sterben gibt es keine Auferstehung.«

50. Die Krisennacht

Ich habe dich je und je geliebt,
darum habe ich dich zu mir gezogen
aus lauter Güte, spricht der Herr.
Jeremia 31,3

Wieder ist eine Grenze, wohl die letzte des Schmerzertragens erreicht, und der Arzt setzt stärkere Mittel ein. Teils sind wir traurig, weil die Gespräche mit Mutter, alles Mitleben und Mitteilen stark eingedämmt werden; teils gönnen wir ihr die Schmerzlinderung. Wenn sie nur nicht ihre Persönlichkeit verändert, wie es durch manche Medikamente der Fall ist.

Eine neue Krisennacht meldet sich an. Wir sitzen gefaßt an Mutters Bett und erfüllen ihr die Wünsche, die sie noch schwach andeuten kann. Eine heilige Stille breitet sich aus. Ich habe den Eindruck, als ob zwei große, ernste Engel im Raum stünden. Wir sind von der Gewißheit erfüllt, daß unsere Mutter einen wunderbaren Eingang in Gottes ewige Welt haben wird. Er wird sie als reife Garbe in seine himmlische Scheune bringen.

Leise singen wir: »Christ ist erstanden von der Marter alle . . .« Ein starker Trost kommt auf uns zu. Irgendwie erwarten wir, daß der Schleier zur himmlischen Welt sich ein wenig hebt und uns einen begrenzten Einblick hinein schenkt.

Mutter flüstert: »Ich freu' mich! Ja, ich freu' mich!« Jetzt hat sie wohl ihre letzte Verwurzelung gelöst, die Bindung an ihre Kinder. Sie ist frei zur Himmelfahrt.

Hie und da sagen wir kurze Gebete und rufen ihr vertraute Bibelverse zu. Wenn sie sich auch nicht mehr äußern kann, haben wir doch den Eindruck, daß sie die ganze Atmosphäre voll erfaßt.

Vor ihr hängt, gut lesbar, ein Vers, extra groß mit Hand geschrieben: ›Ich weiß, daß mein Erlöser lebt!‹

»Mutter, er lebt, und du wirst ihn sehen; denn er sagt: ›Ich lebe, und ihr sollt auch leben!‹«

An dem kleinen Kruzifix aus Ton, das über ihrem Kopf-
ende hängt, hatte sie außer dem Zettel irgendwann einmal ein rotes Seidenröschen unten angebracht. Jetzt wird
mir plötzlich klar, warum sie es getan hatte. Es soll ein
Symbol ihrer Liebe zu Jesus sein. War doch das eigentliche
Ziel ihres Lebens, Jesus Christus über alles zu lieben, mehr
als ihre Kinder, mehr als die Gemeinde- und Frauenarbeit,
mehr als ihre Blumen und die vielen Hobbys, mehr als das
Materielle wie Haus, Möbel und Geld. Um diese Liebe hat
sie in den letzten Jahren am meisten gerungen. Was noch
fehlt, wird ihr himmlischer Bräutigam ihr mit seiner Liebe
auffüllen.

51. Einzelgespräche zum Abschied

Meine Seele dürstet nach Gott, nach dem lebendigen Gott.
Wann werde ich dahin kommen,
daß ich Gottes Angesicht schaue?

Psalm 42,3

Aus einer geheimnisvollen Quelle gespeist, fühlt sich Mutter wieder etwas besser. Meine Schwester Annelie achtet
sehr darauf, daß jedes Familienglied eine gewisse Zeit mit
Mutter allein verbringen kann. Einiges aus diesen Einzel-
gesprächen wird wieder im Familienkreis ausgetauscht,
anderes bleibt unter vier Augen.

So überträgt Mutter meinem Bruder Jörg ihre Sorge, allen 27 Enkeln Weihnachtsgeschenke mit lieben Grüßen
von ihrer Großmutter zu übergeben. Bei ihren Schwieger-
töchtern bedankt sie sich rührend: für die unzähligen Tele-
fonanrufe von Hilde, für die treuen Gebete von Helga, für
das liebevolle Verständnis von Marianne. Sie stand stets
mit ihnen in einem vertrauensvollen Austausch und liebt
sie wie eigene Töchter.

Ich bitte sie: »Mutter, du wirst nun bald meinen Hermann wiedersehen. Sprich mit ihm über meine Kinder!«

»Das werde ich sicher tun, und es wird Auswirkungen von der Ewigkeit her haben.«

Bei solchen Gesprächen ist sie erstaunlich frisch.

Da ihre Kinder aus USA nicht zu ihr kommen können, sprechen wir mit ihr über Traudel und das kunstvolle Weihnachtstransparent, das sie für Mutter gebastelt hatte, halten ihr das Riechkissen der Enkelin Andrea unter die Nase und lesen wiederholt Olivers Brief vor. Sie strahlt: »Lieb! Lieb!« Und damit sind auch die Fernen in das Abschiednehmen einbezogen. Wir wissen, daß Mutter ihre Kinder, Enkel und Urenkel in Gottes Hand übergeben hat. Er wird besser für sie sorgen, als sie es je tun konnte.

Mutter wendet sich entschieden dem Ziel ihres Lebens zu und ist bereit, alles, was ihr bisher kostbar war, zurückzulassen, um die herrlichste Kostbarkeit, die es gibt, zu erlangen.

52. Erzähle mir vom Himmel

Ihr seid gekommen zu dem Berg Zion und zu der Stadt des lebendigen Gottes, dem himmlischen Jerusalem und zu den vielen tausend Engeln, und zu der Festversammlung und der Gemeinde der Erstgeborenen, die im Himmel aufgeschrieben sind, und zu Gott, dem Richter über alle, und zu den Geistern der vollendeten Gerechten und zu dem Mittler des Neuen Bundes, Jesus.

Hebräer 12,22-24

»Erzähl' mir vom Himmel, damit ich durchhalten kann!« bittet mich Mutter.

Daß unsere sichtbare von einer unendlichen, unsichtbaren Welt umschlossen ist, hat sie besonders auf den schweren Wegstrecken ihres Lebens erfahren. Sie erlebte Auswirkungen von beiden Mächten: Licht und Finsternis, Himmel und Hölle, Gott und Satan.

Ich beginne: »Im Himmel ist alles vollkommen. Da gibt

es keinen Mangel mehr: keine Krankheit, keine Schmerzen, kein Altern, keinen Tod und keinen Abschied mehr. – Ich freue mich besonders, daß es auch keine Einsamkeit dort gibt. – Unvorstellbare Herrlichkeit, Freuden über Freuden, glückseliges Lachen, Umarmen und Lieben. Denn da ist niemand mehr, der neidisch ist, einen verleumdet oder haßt. – Alle Erlösten sind vollkommen geworden in der Liebe zur göttlichen Dreieinigkeit. – Das himmlische Jerusalem, wo die Wohnungen der Erretteten und Heiligen sind, muß eine Stadt von unbeschreiblicher Schönheit sein, weil Gott selber ihr Baumeister ist. – Du triffst dort alle, die im Vertrauen zu Jesus Christus gestorben sind und ihre Sünden von Herzen bereut haben, auch deinen Heiner. Sie regieren mit dem Sohn Gottes und erben alles, was dem Vater gehört, ein unvorstellbares Erbe.«

»Du hast die Hauptsache vergessen!« erinnert mich Mutter.

»Ja, Jesus, das Lamm Gottes, mitten auf dem Thron! Von ihm gehen alle Strahlenkräfte aus und leuchten durch die Himmel. Seine Wundmale sind jetzt Siegeszeichen, weil er den Satan und die Macht der Sünde besiegt hat durch seinen Kreuzestod. Alle Engel und Vollendeten neigen sich vor ihm, denn er hat die Welt mit Gott, dem Richter, versöhnt. Sie singen ihm in himmlischen Chören: Ehre, Ehre dem Lamm, das sich aus Liebe geopfert hat! Mit seiner Brautgemeinde, all denen, die ihn hier über alles geliebt haben, wird er die Hochzeit des Lammes feiern, sich mit ihnen auf ewig in Liebe vereinen. Unaussprechliche Freude! Du wirst ein neues Herz bekommen; denn das alte kann so viel Glückseligkeit gar nicht aushalten.

Ich will dir ein Himmelslied singen:

»Es jubelt die Menge der Sel'gen am Throne dem Lamm mit den Malen das Gloria zu. Es werfen die Kronen an himmlischen Thronen anbetend und huld'gend die Heiligen hin.

Es jubeln die Scharen, die Kreuzträger waren, umstrahlen die Sonne, den Bräut'gam in Pracht. Es tönet ein Rufen bis hin zu den Stufen in seligem Jauchzen: Das Lamm hat's vollbracht.

Es jauchzet und singet, es tönet und klinget glückselig durch Räume des Himmels gar weit ein Lied vieler Chöre dem Lamme zur Ehre, es hallt durch die Himmel voll Seligkeit.

O Jauchzen und Singen, o himmlisches Klingen der Hymnen der Engel, der Sel'gen, der Braut! Der Himmel geladen mit göttlichen Gnaden, erbebet in seligem Lieben ohn' Maß.

Nun ist er gekommen, der Tag voller Wonnen des Einens und Liebens von Gott und dem Mensch. O selige Stunde, die allen gibt Kunde, daß Gott ist die Liebe, der Sünder liebt heim!«

53. Warum?

*Die Kreuze im Leben der Menschen
sind wie die Kreuze in der Musik.
Sie erhöhen.*

L. v. Beethoven

Es ist der 24. Dezember. Am frühen Nachmittag verabschiede ich mich von Mutter:

»Du weißt ja, ich habe nachher in den drei Dörfern je eine Christvesper mit Krippenspiel und heute nacht eine Christmette zu halten und morgen früh noch einen Festgottesdienst mit Abendmahl. Gleich danach setze ich mich ins Auto und komme zu dir hergefahren!«

»Is' gut!« nickt Mutter, »ich bete für die Gottesdienste! Gott segne dich!« Sie war nicht umsonst jahrzehntelang Pfarrfrau und weiß, wie unendlich wichtig es ist, daß Gottes Wort von hungrigen Herzen aufgenommen wird und Frucht bringt.

Ich hänge ein kleines Bild von der Wand ab und zeige es ihr: Eine Kinderhand liegt vertrauensvoll auf der Hand seiner Mutter. Es ist das Händchen eines Enkelkindes.

»Legst du deine Hand so in Gottes starke Hand?«

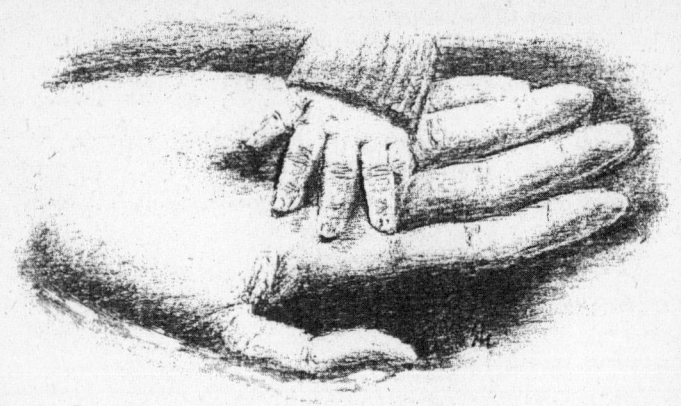

»Ja! Du aber auch! Laß das Bild auf meiner Bettdecke liegen!«

Ich küsse sie zum Abschied: »Bis morgen!« Meine Geschwister bitte ich: »Ruft mich nur nicht an, falls es Mutter schlechter gehen sollte! Ich muß mich auf die Gottesdienste konzentrieren und kann mich nicht zerreißen!«

Unterwegs verhandle ich mit Gott: Herr, du hast mich in diesen Dienst gestellt. Du weißt, daß für diese fünf Weihnachtsgottesdienste eine Vertretung ausgeschlossen ist. Du weißt aber auch, daß ich Mutter versprochen habe, wenn sie stirbt, bei ihr zu sein. Du bist der Herr deiner Gemeinde in Katzweiler, Mehlbach und Hirschhorn, und du bist der Herr über Leben und Tod! Ich vertraue dir.«

Am ersten Weihnachtstag, sofort nach dem letzten Gottesdienst, eile ich ans Telefon: »Hallo, Ursel, wie geht es Mutter?«

Stille. Mir stockt das Herz.

»Warte, ich will Annelie rufen!« sagt Ursel mit seltsamer Stimme.

»Annelie, ist Mutter gestorben?«

»Ja, heute morgen in der Frühe!«

Ich breche in lautes Weinen aus, daß meine Kinder zusammenlaufen:

»Mutti, wir fahren dich!«

»Nein! Ich muß jetzt allein sein!«

Rasch setze ich mich ins Auto, als könnte ich sie noch lebend antreffen, und fahre durchs Neustadter Tal, wo mir jede Kurve durch die unzähligen Fahrten vertraut ist. Die Tränen laufen mir über die Wangen, weniger weil Mutter gestorben ist, denn darauf sind wir seit Wochen vorbereitet, vielmehr weil ich mein Versprechen nicht einlösen konnte. Ich hadere: ›Gott, du bist schuld daran! Warum hast du so gehandelt?‹ Mein Herz ist voller Trauer und Bitterkeit.

Innerlich zerrissen betrete ich Mutters Häuschen. Meine Geschwister umarmen mich mit Wärme und führen mich ins Wohnzimmer. Da liegt Mutter schlafend in einem Rosenbett. Sie trägt ihr Lieblingssonntagskleid, in den gefalteten Händen die letzte Rose einer Enkelin, ringsum der ganze Sarg mit Rosen besteckt.

Rosen, die Blumen der Liebe! geht es mir durch den Sinn, und ich denke an das kleine Seidenröschen an Mutters Kruzifix aus Ton.

Ich schaue meine Geschwister an. Still nicken sie mir zu. Jörg sagt: »Sie feiert jetzt Weihnachten im Himmel!«

Langsam dämmert es mir und beginnt meine Bitterkeit zu lösen: Sie war ja ein Weihnachtsmensch, hatte das Jesuskind und das Feiern um die Krippe ganz besonders geliebt! So hat der himmlische Vater ihr diese unvorstellbare Weihnachtsfreude gemacht, genau zum himmlischen Weihnachtsfest einzutreffen! Ja, haben sie denn im Himmel den gleichen Kalender wie wir hier? Warum nicht? Wenn die irdische Gemeinde von Herzen Weihnachten feiert, wird die himmlische im höheren Chor erst recht die menschgewordene Liebe umjubeln!

Neben Mutters Rosensarg ist ihre Weihnachtskrippe aufgebaut. Alle Figuren wenden sich dem Jesuskind aus Ton zu. Ich denke: Mutters inwendiger Mensch betet jetzt in Liebe den lebendigen Jesus an. Im Himmel, wo es keine Zeitabläufe mehr gibt, kniet sie wohl an der Krippe von Bethlehem und gesundet am Anblick des Jesuskindes.

Nach soviel Kampf und Schmerzen getröstet und geheilt im ewigen Weihnachtsglanz! Vater, du hast es recht gemacht! Wie persönlich gehst du auf jedes einzelne deiner Kinder ein! Ich danke dir für dieses unbegreifliche Weihnachtsgeschenk, das du unserer Mutter gemacht hast.

Wo sind meine Kinder? Sie trauern doch auch! Da kommen sie schon. Der Älteste hat sie alle in den Wagen genommen und ist mir nachgefahren. Wie dankbar bin ich für sie!

54. Weihnachten
Annelie schreibt an die ferne Schwester

Ich will dich mit Fleiß bewahren;
ich will dir leben hier,
dir will ich abfahren.
Mit dir will ich endlich schweben
voller Freud, ohne Leid,
dort im andern Leben.

Paul Gerhardt

2. Weihnachtstag, 1984; frühmorgens 6.30 Uhr
Liebe Traudel,
weil Ihr in der Ferne seid und doch zu uns gehört, möchte ich Dich, Deinen Günter und Eure Kinder Oliver und Andrea teilhaben lassen an unserem tiefen Erleben hier.

Wir haben nun viele Nächte bei Mutter verbracht, gewacht und geschlafen, wie es gerade nötig war. Diese Nacht war die friedlichste. Trotz der Tränen in den Augen bin ich dankbar im Herzen.

Unsere Mutter liegt voller Frieden und entspannt drüben im Wohnzimmer. Ihre Seele ist jedoch für mich überall im Haus und besonders in mir drinnen. Angst ist keine da.

»Es ist ein Ros entsprungen . . .«

Mutter schläft in einem Rosenbett, daneben steht die große, brennende Kerze und ein Bibelvers, den sie während der letzten, schweren Wochen immer wieder anschaute: ›Ich weiß, daß mein Erlöser lebt.‹ Ja, sie wußte es!

Dein Weihnachtstransparent war ihr ebenfalls ständig vor Augen. Wir haben eine Lampe dahinter montiert, so daß der Stern hell erstrahlte, auch in der Nacht, wenn sie vor Schmerzen nicht schlafen konnte. Nun leuchtet ihr ein anderer Stern. Über alle Eure Zeichen der Liebe hatte sie sich sehr gefreut. Sie hatte gerade in den letzten Wochen viel Liebe weitergegeben und auch empfangen. Die schwere Krankheitszeit unserer Mutter, von August bis Weihnachten, war voll von Zärtlichkeit und Liebe. Ich bin froh, daß wir fähig sind, unsere inwendigen Gefühle zu zeigen und aufmerksam die Bedürfnisse des anderen oft erspüren können.

Der Arzt staunte immer wieder über die wechselnde Befindlichkeit unserer todkranken Mutter. Ihr Körper war zum großen Teil voll von neuen Körperzellen, die die alten einverleibten. Er meinte immer wieder, das Ende voraussagen zu können. So feierten wir oft Abschied von ihr. Dieses wiederholte Abschiednehmen hilft mir jetzt sehr. Ihr Tod ist kein Schock, sondern wir haben uns wochenlang darauf einstellen können.

Am Heiligen Abend waren zuerst Gerhart und Hilde, dann ihre Kinder Peter und Mathilde, Annelie und Jörg abwechselnd bei Mutter. Um 16 Uhr fuhren sie weg, um bei sich daheim Weihnachten zu feiern. Dann kamen meine Kinder und mein Peter. Mutter war hellwach und erkannte jeden. Da riefst Du, Traudel, noch um 17 Uhr an. Wie freute sie sich, Deine Stimme zu hören! Es war Weihnachten für sie. Sie erlebte noch einmal das Miteinander ihrer großen Familie, die ja ihr Lebenselement war.

Zwischen 18 und 19 Uhr waren alle außer mir in der Christvesper. Ursel sang im Kirchenchor mit. Während dieser Zeit fütterte ich Mutter mit einem Pfund Eis. Sie brannte innerlich wie von einer großen Hitze und verlangte dauernd nach Kühlung. Das Eis zerschmolz in ihrem Mund, und die Verschluckgefahr war geringer.

Unser Papagei war auch dabei und kletterte mir auf den Rücken. Mutter lachte und erinnerte sich an Bärbels Hund Merlin. Der kam natürlich gleich ans Bett und zeigte seine Anhänglichkeit. Nach dem Heilig-Abend-Gottesdienst aßen wir, sangen, flöteten die alten Quempaslieder – alles nebenan in Ursels Wohn- und Schlafzimmer mit offener Tür ins Krankenzimmer. Bei ihrem Lieblingslied »Ich steh' an deiner Krippe hier, o Jesu, du mein Leben« hat sie den dritten Vers »Ich lag in tiefster Todesnacht, du wurdest meine Sonne« leise mitgebetet. Als wir das vertraute Weihnachtsevangelium laut lasen, hat sie bei ›Ehre sei Gott in der Höhe‹ tonlos mitgesprochen. Mutter erlebte mit sichtlicher Freude alles mit, zu unserer Überraschung losgelöst von allen Schmerzen – ein Wunder! Ständig waren zwei bis drei Personen an ihrem Bett, hielten ihr die Hände und streichelten sie. Worte waren kaum mehr nötig. Sie wären auch für Mutter zu anstrengend gewesen. Deutlich hörten wir ihren letzten Satz: »Ich will heim!«

Um 20.30 Uhr fuhr unsere Familie nach Hause, doch dann kam um 21 Uhr Jörg. Er verbrachte die letzte Nacht bei Mutter. Darüber wird er Euch bestimmt selbst berichten.

Euch Vieren in USA in aller Traurigkeit viel Trost!

Deine/Eure Annelie.

55. Todeskampf

Welt, du bist uns zu klein.
Wir gehn durch Jesu Leiten
hin in die Ewigkeiten;
es soll nur Jesus sein,
es soll nur Jesus sein.

Gerhard Tersteegen

Wie Annelie Dir schrieb, liebe Traudel, verbrachte ich die Heilige Nacht bei Mutter, wußte allerdings nicht, daß es die letzte ihrer Nächte sein sollte.

Mutter hatte wieder starke Schmerzen, besonders am rechten Bein, wohl Ausstrahlungen von der Rückenstelle her. Ich sprach kurz mit ihr über Weihnachten, betete noch mit ihr für eine erträgliche Nacht und verabreichte ihr die nötigen Medikamente, die aber nicht mehr recht zu wirken schienen.

Durch meine berufliche Arbeit der letzten Tage und die Durchführung unserer Christvesper mit einem aufregenden Krippenspiel fühlte ich mich erschöpft und schlief immer wieder oberflächlich ein. Auch Mutter war im Halbschlaf, stöhnte vor Schmerzen und rief immer wieder die beiden Worte: »Jesus!« und »Eis!« Ihr Geist verlangte nach Jesus und ihr krebskranker Körper nach Kühlung. Besonders in den frühen Morgenstunden rief sie wohl hundertmal »Jesus! Jesus!« und dazwischen laufend »Eis!« Sie lag im Todeskampf. Es war ihr klar, daß sie jetzt am Ende ihres irdischen Lebens angelangt war, denn sie sagte zweimal »Aus!« Obwohl ich an ihrer Seite war, kämpfte sie einsam den letzten Kampf. In solchen Situationen stehen wir ganz allein vor Gott.

Gegen 5 Uhr schlief sie endlich tiefer, halb aufgerichtet im Bett sitzend und schwer atmend. Sie sah unendlich abgekämpft und erschöpft aus. Als ich sie um 7 Uhr verließ, war ihr Schlaf noch ruhiger geworden. Leise schlich ich mich hinaus, um sie nicht zu wecken. Ich war gerade bei meiner Familie angelangt, da rief Ursel an, Mutter sei im Schlaf gestorben. Sie habe ganz ruhig schlafend dagelegen, friedlich mit geschlossenen Augen, so daß sie nicht gleich erkannt habe, daß Mutter inzwischen heimgegangen ist.

»Eine Überwinderin ist heimgekehrt!« war mein erster klarer Gedanke. Wie hat sie doch aufrichtig in ihrem Leben gerungen! Jetzt hat sie überwunden. Der himmlische Empfang dieser Siegerin ist uns verborgen.

In Liebe grüßt Dich, Günter und Eure Kinder

Dein Jörg.

56. Beerdigungsansprache

Losung und Lehrtext des Beerdigungstages:

Gedenkt nicht an das Frühere und achtet nicht auf das Vorige!
Denn siehe, ich will ein Neues schaffen!
Jetzt wächst es auf.
Erkennt ihr's denn nicht?   Jesaja 43,18-19

Wir warten auf die selige Hoffnung
und Erscheinung des großen Gottes
und unseres Heilandes Jesus Christus.   Titusbrief 2,13

Liebe Hinterbliebene, liebe Gemeinde!

Nach zuletzt schwerem Leiden wurde eure liebe Mutter, Luise Schreiner, geborene Gerhart, im Alter von fast 82 Jahren aus diesem Leben genommen.

Mutter war sie für euch alle in der großen Familie. Mutter war sie auch für uns – für viele hier in unserer Kirchengemeinde in Haßloch und darüber hinaus in der Pfalz. So sind wir alle mehr oder weniger Betroffene.

Licht leuchtet in der Nacht

Trotzdem haben wir eben als erstes nicht ein Trauerlied angestimmt. Wir haben vielmehr ein Weihnachtslied miteinander gesungen. Ein Lied vom Licht, das in unsere Nacht hineinleuchtet; ein Lied froher Anbetung, ein Lied dankbarer Hingabe an Jesus Christus, den Herrn über Leben und Tod. Einen Liedvers wollte eure Mutter in den letzten Wochen ihres Glaubens- und Lebenskampfes in dieser Adventszeit immer wieder gespielt und gesungen haben:

>>Ich lag in tiefster Todesnacht,
du warest meine Sonne;
die Sonne, die mir zugebracht
Licht, Leben, Freud und Wonne.
O Sonne, die das werte Licht
des Glaubens in mir zugericht!
Wie schön sind deine Strahlen!<<

So will es in unser aller Leben Weihnachten werden, daß
durch Jesus Christus das Licht Gottes, das Licht aus der
Ewigkeit in unserem zeitlichen Leben aufleuchte – gerade
auch da, wo unsere Tage verdunkelt sind durch Schuld,
Leiden, Krankheit oder Tod.

Dazu durfte unsere liebe >>Schreiner-Mutter<<, wie wir
sie nannten, gerade in den dunklen Jahren der Kriegs- und
Nachkriegszeit auf ihre Art beitragen, daß das in Jesus
Christus aufleuchtende Licht Gottes in so manches Herz
hineinfiel – sei es an einem hellen, musikalischen Heilig-
Abend-Gottesdienst oder bei Krippenspielen, die sie der
Gemeinde geschenkt hat, oder sei es in den Frauenkreisen
oder auf Freizeiten, wo viele Frauen und Mütter immer
wieder neue Lebensenergien in der Begegnung mit Jesus
Christus und untereinander >>aufgetankt<< haben.

So haben viele mit ihr das Lied Johannes Schefflers, das
wir nachher singen werden, liebgewonnen, in dem sich die
Liebe zu Jesus so innig ausspricht:

>>Ich will dich lieben, meine Stärke,
ich will dich lieben, meine Zier;
ich will dich lieben mit dem Werke
und immerwährender Begier.
Ich will dich lieben, schönstes Licht,
bis mir das Herze bricht.<<

Das Höchste ihres Lebens war, Ihn zu lieben. In diesem
Geist der Liebe zu Jesus ist unsere liebe Verstorbene zu einer treuen Beterin herangereift, der wir alle als einzelne
und als Gemeinde mehr Segen verdanken, als wir ermes-

sen können. Wer läßt sich von Gott rufen, nun diese Gebetslücke auszufüllen, liebe Gemeindeglieder?

Ist die Liebe Gottes, die er uns in Jesus geschenkt hat, die innerste Triebkraft auch unseres Lebens? Sicher hat manch einer von uns an seinem Platz Vieles und Großes geleistet. Aber was von allem kann wirklich bestehen bleiben im Licht der Ewigkeit?

Gott schafft ein Neues

Deshalb brauchen wir alle nicht nur hier auf dem Friedhof, sondern jeden Tag neue Orientierung und Erleuchtung, die Gott uns durch die Worte der Bibel anbietet. Geben wir Gott im eigenen Stillewerden Gelegenheit, unsere menschlichen Sinne und Gedanken durch seinen Heiligen Geist zu erleuchten? Genau das möchte jetzt in diesem Gottesdienst auch im Hören auf die prophetischen Worte aus Jesaja 43 geschehen:

»Gedenkt nicht an das Frühere und achtet nicht auf das Vorige! Denn siehe, ich will ein Neues schaffen! Jetzt wächst es auf. Erkennt ihr's denn nicht?«

Darum geht es im Angesicht von Sarg und Grab eines lieben Menschen: daß wir nicht hängenbleiben am Früheren und Vorigen.

Gewiß, wir sollen uns dankbar erinnern an das Gute, das uns im Leben eines Menschen geschenkt wurde. Aber wir dürfen uns nicht verlieren im Rückschauen, sondern sollen nach vorne schauen.

Es gibt viele Menschen, die können das Alte nicht hinter sich zurücklassen. Oder wollen sie es gar nicht? Daß sie Monate und Jahre Tag für Tag auf den Friedhof ans Grab gehen, könnte ein Zeichen dafür sein, daß sie noch immer am Vergangenen hängen. Oder in anderen Menschen steigen täglich dunkle Erinnerungen, unbewältigte Dinge aus der Vergangenheit auf – vielleicht Fehlentscheidungen ihres Lebens, dunkle Belastungen durch eigene oder fremde Schuld oder was auch immer einen Lebenshorizont verdunkeln mag.

WENN
ICH AN
JESUS ✝
CHRISTUS
GLAUBE,
BIN ICH
DAHEIM
IN MEINEM
VATERHAUS

MARTIN
LUTHER

Dazu hat Gott uns durch den Propheten etwas zu sagen: »Siehe, ich will ein Neues schaffen! Jetzt wächst es auf. Erkennt ihr's denn nicht?«

Innerlich Blinde macht Gott sehend

Augen des Glaubens will Gott uns schenken, mit denen wir mehr sehen, als was bedrängend und dunkel ist, was uns in Selbstmitleid und Wehmut versinken läßt. Mit Augen des Glaubens können wir das überwinden, was uns zu schaffen macht. Damit können wir aufschauen »zur Herrlichkeit des großen Gottes und unseres Heilandes Jesus Christus«, wie es im Lehrtext des heutigen Tages heißt:

»Wir warten auf die selige Hoffnung und Erscheinung der Herrlichkeit des großen Gottes und unseres Heilandes Jesus Christus.«

Das ist das Neue, das Gott schafft und aufwachsen läßt: das ewige Leben. Leben aus göttlicher Kraftquelle. Leben aus und in Gott.

Vielleicht fragen Sie jetzt: Wo ist denn dieses Leben in unserer von Elend und Tod, von Krankheit und Leiden, von Unfrieden und Gewalt gezeichneten Welt? Nun, für natürliche Augen ist dieses Leben weithin noch verborgen – wie im Embryonalzustand im Leib einer Mutter. Aber mit den Augen des Glaubens, die Gott uns durch sein lebendiges, kraftvolles Wort in Jesus Christus auftut, können wir das neue Leben schon wahrnehmen. Damit können wir uns schon über das ewige Leben, über dieses Leben aus göttlicher Kraft, von Herzen freuen. Das Beten und Singen froher Glaubenslieder und das entschiedene Tun des Guten in unserem Alltag als Christenmenschen, das sind Zeichen des Neuen, welches Gott wachsen läßt.

Wer möchte da noch im Unglauben »blind« bleiben für das neue, ewige Leben aus Gott, wenn es sich in Jesus Christus uns eröffnet hat?

Unsere liebe Verstorbene hat einmal mit einfühlsamen Händen die Hirten- und Krippenfiguren von Bethlehem in Ton gestaltet. Eine Szene daraus haben wir im Bild vor uns, den alten Hirten mit dem Hirtenbub. In ihren Gesichtern liegt der Ausdruck staunenden Hörens und Sehens. Diese beiden sind Menschen, die sich anstrahlen lassen von der »Herrlichkeit des großen Gottes und unseres Heilandes Jesus Christus«. Sie sind ausgerichtet auf die Gottesbotschaft: »Große Freude! Euch ist heute der Heiland geboren!«

Bist du auch solch ein Mensch, der sich von der göttlichen Weihnachtsbotschaft ansprechen läßt? Der sich von dem Neuen, das Gott in Jesus Christus aller Welt zum Heil läßt aufwachsen, erleuchten läßt? Dann kannst du in den Kämpfen dieser Zeit getrost in Gottes Kraft leben und einmal ihn schauen in vollkommener Herrlichkeit.

Amen.

Danach sitzen wir im Gemeindehaus mit vielen Verwandten und Freunden zusammen und sprechen noch lange über Mutters Leben und Sterben:

»Sage nicht, daß sie gestorben ist. Sie ist heimgegangen in die himmlische Heimat.«

»Sie ist uns vorangegangen dorthin, wo sie uns alle erwartet!«

57. Gebet am Grab

Vater, ich befehle meinen Geist in deine Hände!
Jesus Christus in Lukas 23,46

Vater im Himmel,
du hast diesen geliebten Menschen, unsere Mutter, in die Ewigkeit gerufen. Ihren toten Leib haben wir in dieses Grab gelegt. Ihren Geist, ihre ganze inwendige Persönlichkeit, übergeben wir deiner göttlichen Barmherzigkeit, die ohne Ende ist. Sei ihr gnädig und nimm sie auf in deine ewige Herrlichkeit. Die wir geliebt haben, betten wir nun an dein Vaterherz.

So viele Jahre war sie unter uns gewesen. Wir danken dir dafür!

Wir danken dir für all das Gute, das wir durch sie empfangen haben, für alle Fürsorge, Hingabe und Hilfe, für ihr Vorbild und ihre Gebete.

Wir wollen dir aber auch danken für die Schwierigkeiten, die wir mit ihr durchlitten haben. Wir sind dadurch gereift.

Vergib auch uns unser Versagen ihr gegenüber.

Fülle du nun diese Lücke, die der Tod gerissen hat, durch deine Gegenwart. Lindere unseren Trennungsschmerz und tröste uns mit deinem väterlichen Trost. Weil unsere Mutter uns nicht mehr mit »Kind« anredet, wollen wir umso mehr jetzt deine Kinder sein.

Erinnere uns immer wieder daran, daß auch wir einmal sterben müssen, damit wir uns in Aufrichtigkeit darauf vorbereiten. Herr Jesus Christus, du bist stärker als der Tod. Du bist aus dem Grab auferstanden und sitzest zur Rechten Gottes, des Vaters. Alle, die mit dir verbunden sind, die angewachsen sind wie Glieder am Leib, die nimmst du mit hinein in dein ewiges Reich.

Nach diesem herrlichen Ziel wollen wir uns erneut ausrichten. Steh uns bei, daß wir es nie mehr aus den Augen verlieren. Gleichzeitig aber laß in unserem Leben hier Frucht reifen, die bleibt, die dich erfreut und unseren Nächsten guttut.

Amen.

Gottes neue Welt

Schmerzen, Trauer, Tränen –
alles ist vorbei.
Mir öffnen sich die Tore
in Gottes neue Welt.

Licht flutet mir entgegen,
Musik in Harmonien;
mit Liebe warm empfangen
bin ich nun hier daheim.

Die Gottesstadt im Himmelsglanz
schau ich mit großem Staunen
und möchte niemals, niemals mehr
im Erdendunkel wohnen.

Mein Jesus Christ, das Himmelslicht,
kommt liebestrahlend mir entgegen.
Ich beuge meine Knie vor ihm,
mein Herze bebt in Liebe.

Er hebt mich hoch. An seiner Hand
geh ich hinein in Ewigkeiten,
die voller Frieden, Freude, Leben
und ohne Ende sind.

INHALT

Von der gleichen Autorin:

Gott tröstet

Von der Kraft, die Trauer zu überwinden

128 Seiten, R. Brockhaus Taschenbuch, Bestell-Nr. 20331

»Eines Tages werde ich nicht mehr Witwe meines Mannes, sondern ich selbst sein; denn Witwenschaft ist nicht Ende, sondern Durchgang zu einem neuen Menschsein, das mir Gott zur Verfügung stellt. Sie ist für mich die größte Herausforderung, die ich bisher erlebt habe, ein Reifungsprozeß zum Ziel hin.«

So beschreibt Hannelore Risch ihre Erfahrungen nach dem Tode ihres Mannes, als sie mit sechs kleinen Kindern plötzlich allein stand. Sie brachte nach Durchstehen des ersten Schocks ihre Ausbildung zum Abschluß und dient jetzt als Pastorin einer Kirchengemeinde auf dem Lande.

Was sie selbst als Pastorenwitwe an Ungeschick, Gedankenlosigkeit und Schlimmerem von ehemals guten Freunden erlebte, hilft ihr heute, wenn sie ähnlich Betroffenen Mut zuspricht: Sie weiß, wovon sie redet – das zeigt dieses ehrliche Buch.

R. BROCKHAUS VERLAG WUPPERTAL UND ZÜRICH